食育あそび大集合

食べ物工作で遊んじゃおう！

山本和子 ＋ あさいかなえ

チャイルド本社

もくじ

食育あそび大集合
食べ物工作で遊んじゃおう!

- 楽しく食育しちゃおう! ……………… 4
- びっくり! 立体かるた ……………… 6
- 食べ物みこしでワッショイ! ……………… 8
- 食育ディスプレイ クリスマスの食卓を作ろう! ……………… 10
- 季節のお誕生ケーキ帽子 ……………… 11
- 本書の特長 ……………… 12

春 ……………… 13

- 春の食べ物工作 ……………… 14
- かめかめカメ ……………… 16
- おすしになろう ……………… 18
- びっくり! 立体かるた ……………… 20
- 季節のお誕生ケーキ帽子 ……………… 21

小さい子でもできる簡単ゲーム
- むきむきキャベツ／かつお一本釣りゲーム ……………… 22

夏 ……………… 23

- 夏の食べ物工作 ……………… 24
- ジャンボ! とうもろこし ……………… 26
- なにのせる? トッピングゲーム ……………… 28
- ジャンボ! かじきまぐろ解体ショー ……………… 30

小さい子でもできる簡単ゲーム
- 冷蔵庫へGO! ……………… 32

食育シアター
モウモウ大王とまめまめ大王……………………………… 33

秋 …………………………………………………… 39

秋の食べ物工作 ………………………………… 40

ワクワク！ ドキドキ！
ぼくの わたしの お弁当 ……………………… 42

リズム遊び　うたって踊ろう！
ライオンおうさま ………………………………… 44

食べ物みこしでワッショイ！ …………………… 46

小さい子でもできる簡単ゲーム
秋の収穫ゲーム ………………………………… 48

冬 …………………………………………………… 49

冬の食べ物工作 ………………………………… 50

みんなでカレーライスになっちゃおう！ ……… 52

食育ディスプレイ
クリスマスの食卓を作ろう！ …………………… 56

食育すごろく …………………………………… 58

小さい子でもできる簡単ゲーム
根菜収穫ゲーム ………………………………… 60

総まとめ　食育子ども検定にトライ！ ………… 61

型紙 ……………………………………………… 65

食育のヒントがたっぷり！

★ 春からスタートして季節ごとの旬がわかるように区分されています。
★ 季節別で、年間計画が立てやすい構成です。
★ 保育の際にすぐに使える「言葉かけポイント」の例を数多く掲載しました。
★ クッキング保育の前に、食材に親しむきっかけにぴったり！
★ 小さい子でも取り組める簡単な工作も紹介しています。
★ 食べ物工作を持ち帰ることで、ご家庭にも食育が広がります。

知る

知る・身につける

盛り上がる

祝う

食べ物大好き！　　食べるって楽しい！

食育ディスプレイ

クリスマスの食卓を作ろう！

子どもたちの作品を食卓に見立てて飾ってみよう。

※作り方は、56ページ参照。

くだものいっぱい★
季節のお誕生ケーキ帽子

季節のフルーツがいっぱい！
おいしそうなケーキ！

お誕生会の主役がかぶる帽子をかわいく作ってプレゼント！

※作り方は、21ページ参照。

おたんじょうび おめでとう！

ステキ!! ありがとう

いちごの国のケーキ帽子

かき氷山とすいかのケーキ帽子

秋のくだもの山ケーキ帽子

みかんの王さまケーキ帽子

本書の特長

- テーマが一目でわかる
- ねらいがわかる
- 季節で探せる
- 作り方も簡単！
- ワンポイントの食材ミニ情報も！
- 子どもへの言葉かけの例も

※旬について…1年を通じて収穫できるものや、旬が地域によって異なるものなどありますが、この本では一般的な旬を採用しています。

工作の前に…

普段から少しずつ"食"を保育に取り入れていきましょう。

- 食にまつわる絵本や紙芝居を読んでみましょう。
- ミニトマトやピーマン、さつまいもなどを育ててみましょう。
- 食事のときには、「おいしいね」「これはなに？」など積極的に声をかけましょう。

プラス

実物を観察してみましょう

春

春ですよ～！って　春風のおしらせ
すると土から　すっくんすっくん
緑の野菜たちが　顔を出すよ
海でも　たいやかつおがジャンプ！

春の食べ物工作

いちご

ビタミンCがたっぷり！

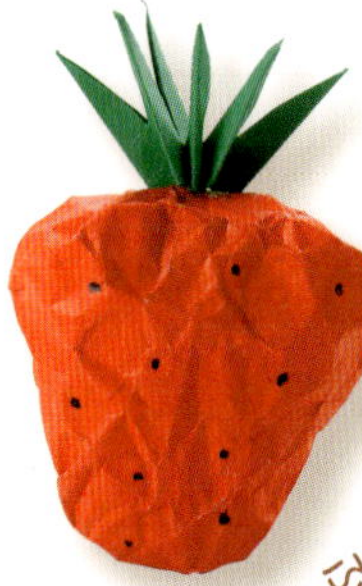

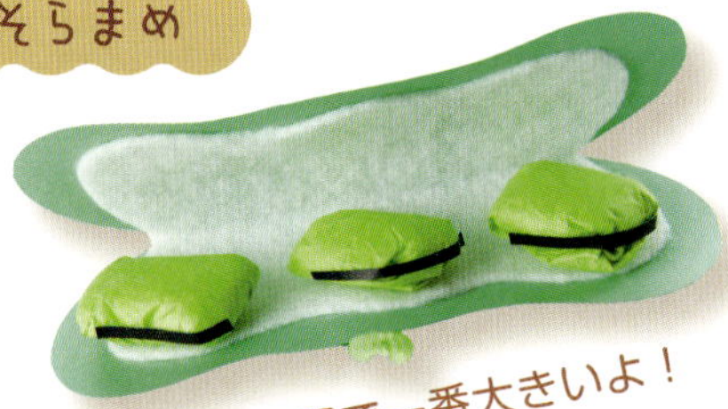

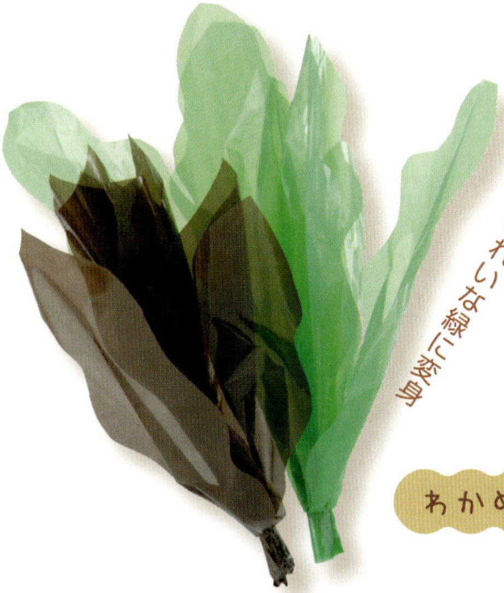

たけのこ

文字どおり竹の子どもです

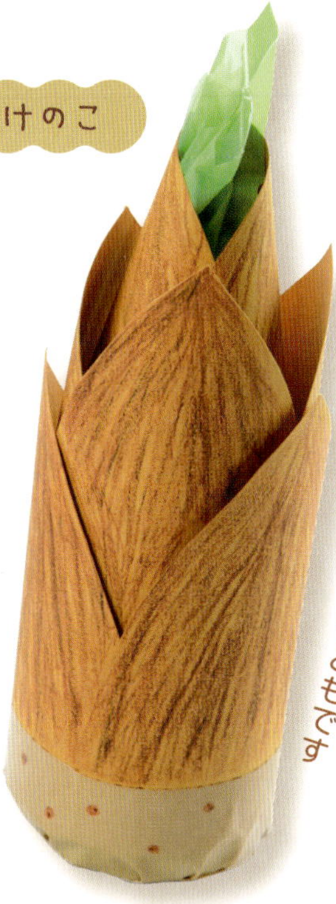

グレープフルーツ

ぶどうの房のように実る

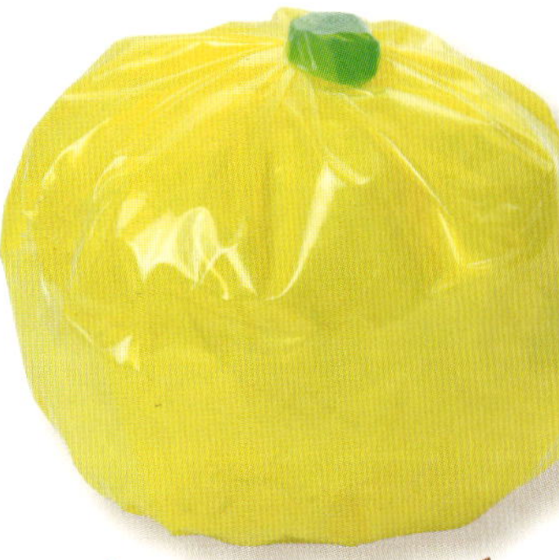

そらまめ

豆の仲間で一番大きいよ！

ゆでるときれいな緑に変身

わかめ

あさり

おいしいおだしがとれます

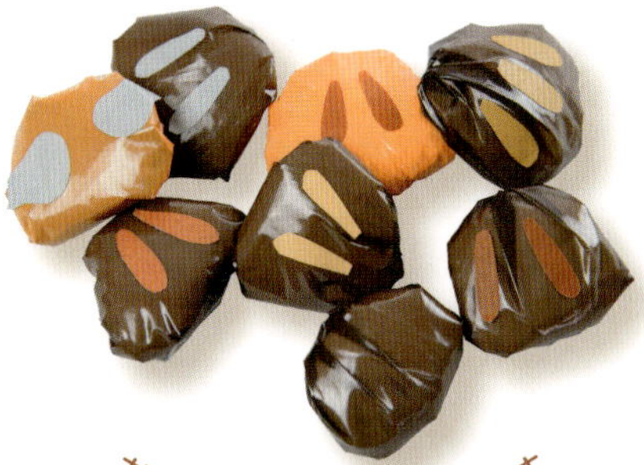

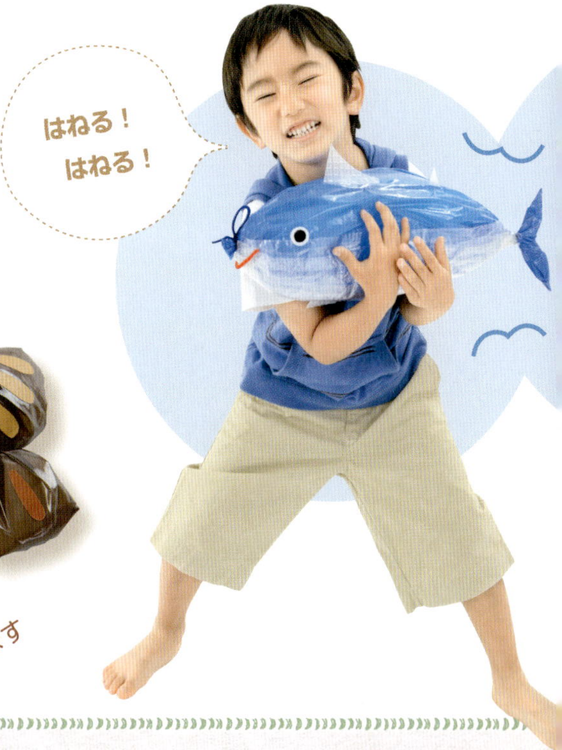

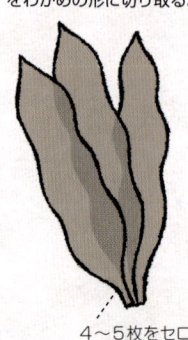

はねる！
はねる！

作り方

いちご

丸めた
ティシュペーパーを
折り紙（赤）で包む。

折り紙（緑）
ふちを中に折り込む
黒い点を描く

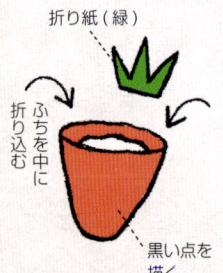

グレープフルーツ

もんだ新聞紙を
丸めてカラーポリ袋（黄）
で包む。

色画用紙（緑）を
細く切って、丸める

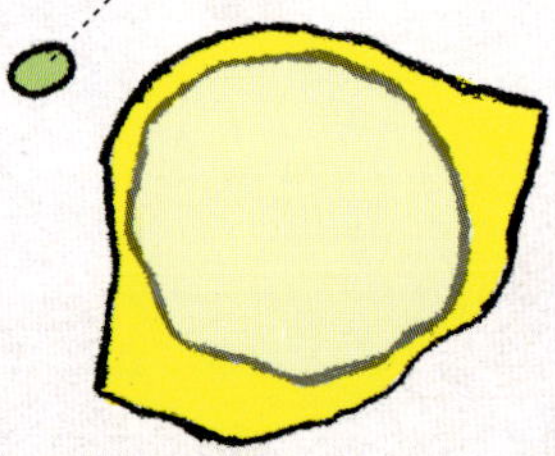

たけのこ

ペットボトルに色画用紙の皮を大きい順番に貼り付ける。根元の部分は、最後にクラフトテープを巻く。

カラーポリ袋（緑）を3枚
紫の点を描く
茶色の筋を描く
クラフトテープ

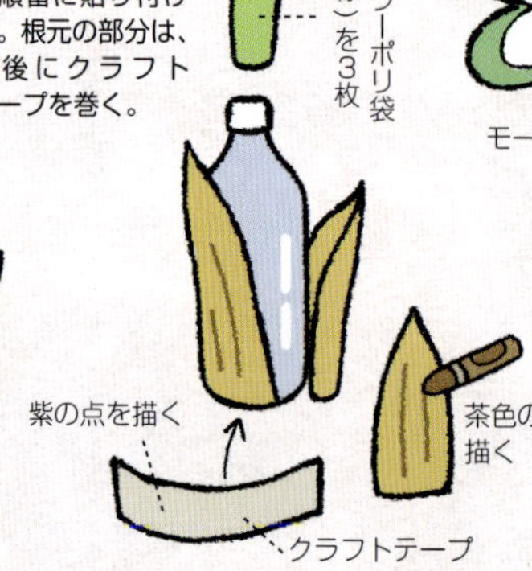

そらまめ

色画用紙（緑）を2つ折りに
して、さやの形に切り取る。

包装材（白）
丸めた折り紙（黄緑）
モール
シール折り紙（黒）

あさり

丸めたティッシュペーパーをカラーポリ袋（こげ茶・茶・オレンジなど）で包む。

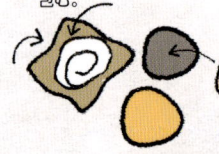

シール折り紙
（茶・グレーなど）

わかめ

カラーポリ袋（緑・茶）
をわかめの形に切り取る。

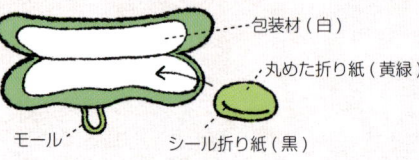

4～5枚をセロハンテープで留める

そしゃく・歯磨き

かめかめカメ

カラフル軍手で手軽にできるカメさん登場！
どんなふうにかむのかな？　歯磨きもできるかな？

○ねらい
かむことで健康な体がつくられることを理解し、かむための歯を大切にする歯磨きに、遊びを通して親しみましょう。

あーん

モグ モグ モグ

カリカリ

ガブッ

プジュッ

パリッ

パックン

表

裏

作り方

いろいろな色で作ってみよう！

手芸用ポンポン
丸シール
発泡スチロール
貼る
カラフル軍手
フェルト(緑・グレー)

やってみよう①

いっしょにかんでみよう！

子どもの食事タイムにかめかめカメを使って、実際の食事でよくかむようにナビゲートします。

1かめ、2かめ、3かめ、4かめ……。

見て！ かめかめカメは何回もかんでいるよ！ みんなもよ〜くもぐもぐしてみよう！

かむといいことがたくさん！
- 食べ物が細かくなるから、消化がよくなるよ！
- 唾液がたくさん出て虫歯になりにくくなるよ！
- あごを動かすと頭がよくなるんだって！
- 何度もかむと、おいしい味がよくわかるよ！

やってみよう②

歯磨きしよう！

かめかめカメを使って、視覚的に食べかすをとるイメージを実感します。

かめかめカメの歯に食べかすが残っているよ。誰か歯磨きして、とってくれる？

かめかめカメといっしょに歯磨き！

ゴシゴシやるー！

食べかす とってくれる？

歯に丸めたビニールテープなどを貼り付けてみましょう。

春

食への興味

おすしになろう

みんな大好き！ にぎりずし！
自分がおすしになって、おすし鬼ごっこをしてみよう。

◯ ねらい

子どもに人気のおすしを入り口にして、種類の豊富な魚に興味や関心をもちます。

おすし鬼ごっこ

輪の中に逃げ込んだらつかまらないよ！ でも10数えたら輪から出るよ！

にげろー
わあっ
1、2、3…
えびさん まてまて～

運動会でもやってみよう！

おすしリレー

おすしをバトンがわりにして、リレーをしてみましょう。たまごチーム対サーモンチーム……などなど。

親子競技にも！

保護者がたまごのカードを引いたら、子どもがたまごのおすしになってゴールへ向かって走ります。

作り方

まぐろ
- エアーパッキングをカラーポリ袋（赤）で包む
- スズランテープ（白）

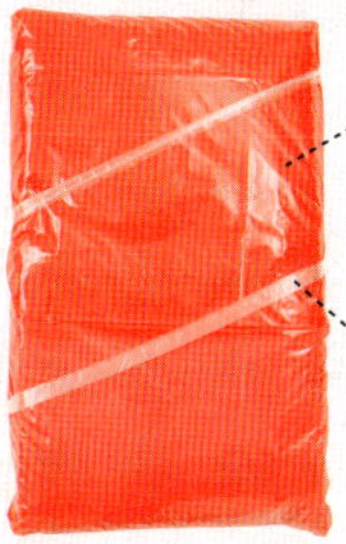

たこ
- エアーパッキングをカラーポリ袋（白）で包む
- ビニールテープ（赤）
- 色画用紙（赤・白）

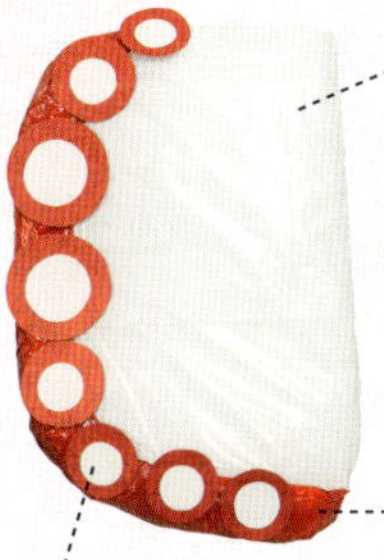

いか
- エアーパッキングをカラーポリ袋（白）で包む

たまご
- エアーパッキングをカラーポリ袋（黄）で包む
- スズランテープ（白）

裏
- スズランテープ（白）を二重にして貼り付ける
- 両肩にかけられるようにセロハンテープでしっかり留める

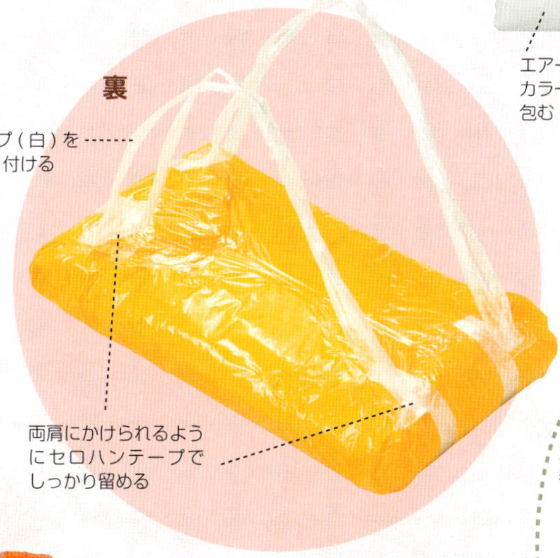

えび
- エアーパッキングをカラーポリ袋（白）で包み、尾の方を2つ折りにして留める
- スズランテープ（赤）
- エアーパッキングをカラーポリ袋（オレンジ）で包む

サーモン 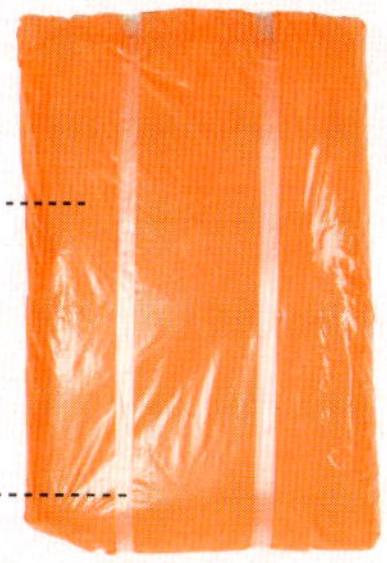
- エアーパッキングをカラーポリ袋（オレンジ）で包む
- スズランテープ（白）

いくら
- エアーパッキングをカラーポリ袋（赤）で包み、さらに上からエアーパッキングをかぶせる
- カラーポリ袋（黒）を巻く

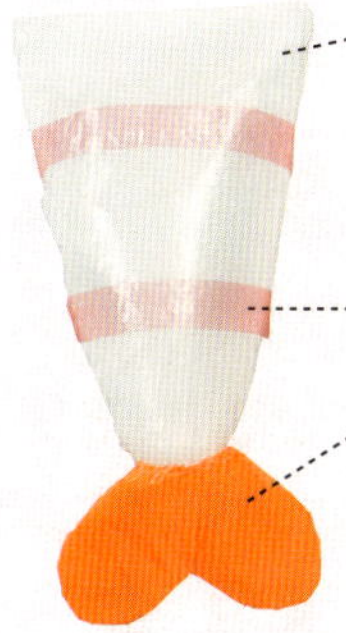

こんなものも！
- カラーポリ袋（茶・緑）
- スズランテープ
- エアーパッキングを巻く
- カラーポリ袋（黒）

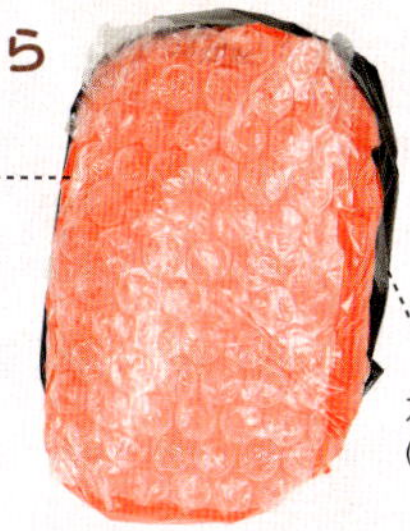

おすしを作ったら…

こんな言葉かけをして、魚への興味を深めよう。

言葉かけポイント

- まぐろって、どんな魚か知ってる？
- ここはたこの吸盤なのよ。
- いくらって魚の卵なんだけど、なんの魚かな？

▼ **魚の図鑑で調べてみよう**

- 黒いところは、のりだよ。のりは、どんなお料理に使われているかな？
- 他にも、どんな魚がおすしになっているかな？

▼ **いつもの食卓の料理を意識して見てみよう**

食への興味

びっくり！立体かるた

季節ごとに製作した作品を使って
ダイナミックなかるたをしましょう。

型紙
65ページ

○ ねらい

なにげなく見ている食材を
ゲームを通して見ることで、
違いに注目したり特徴を意識
するきっかけにしてみましょ
う。

春　遊びは6～7ページで紹介しています。6～7ページの読み札は型紙が付いています。

夏～冬の食材でもオリジナルの読み札を作ってみましょう。65ページに読み札の型紙を掲載しています。

夏

き いろい
　　おはなが
　　かわいい
　　きゅうり

ふ さふさの
　　おひげが
　　あるね
　　とうもろこし

な つがきた
　　はたけで
　　あかく
　　なる
　　トマト

秋

つ ちの　なか
　　みんなと
　　つなひき
　　さつまいも

う さぎも　うまも
　　ぼくも　わたしも
　　すきな
　　にんじん

お てんきでも
　　かさを
　　さしている
　　しいたけ

冬

あ なの　いっぱい
　　みとおし
　　いいから
　　めでたい
　　れんこん

ぼ うは
　　よこむきでも
　　やさいの
　　ごぼう

す なの　なか
　　よこむきで
　　かくれる
　　かれい

みんなで
チャレンジして
みてね！

食への興味

季節の お誕生ケーキ帽子

春

お誕生会の主役がかぶる帽子を素敵に作ってプレゼント！

◯ねらい
おめでとうのお祝いの気持ちとともに、季節感を感じるくだものを帽子にしてみましょう。

※写真は、11ページ参照。

 春　いちごの国のケーキ帽子

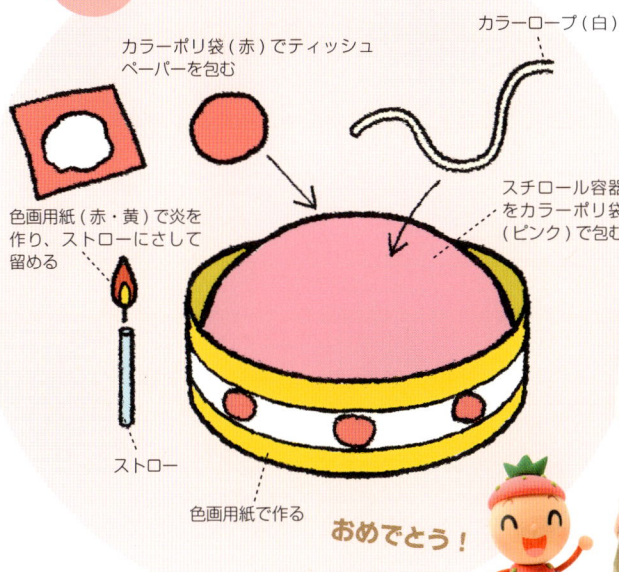

夏　かき氷山とすいかのケーキ帽子

 秋　秋のくだもの山ケーキ帽子

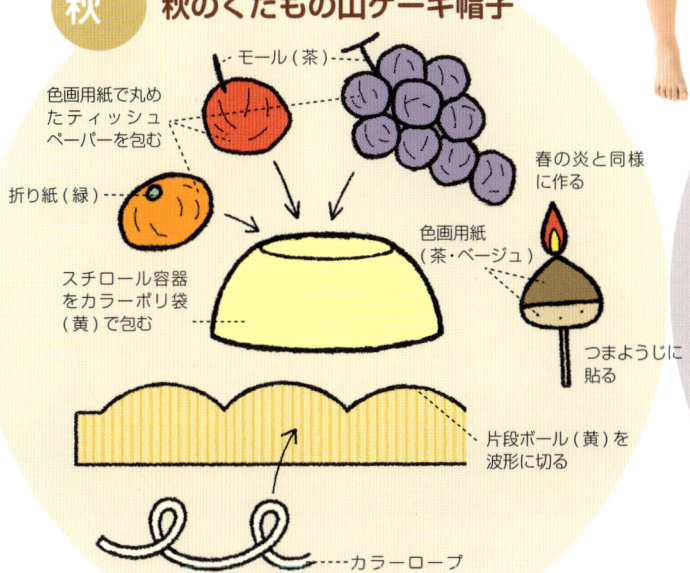

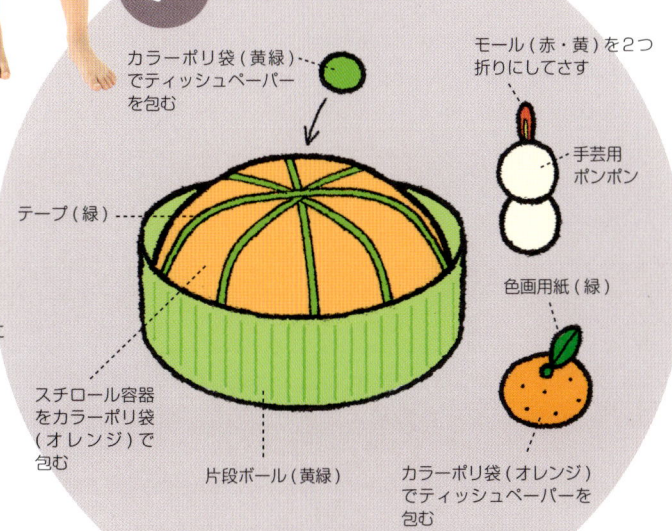

冬　みかんの王さまケーキ帽子

小さい子でもできる簡単ゲーム

むきむきキャベツ

レタスやたけのこでもできるよ！

キャベツをむいてみよう。
どちらが早くむけるかな？

キャベツをむく速さを競争したり、何枚あるか数えたり、モールや紙粘土で小さな青虫を作って隠し、青虫を探すゲームもできますよ！

むき終わったら、こんなことも…

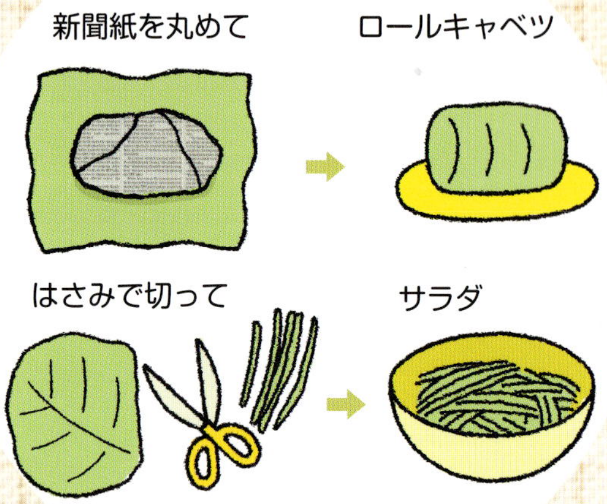

新聞紙を丸めて → ロールキャベツ

はさみで切って → サラダ

わあ、はやいね
むきむき かんたんだね

超簡単キャベツ

新聞紙をよくもみほぐし、球状に何枚も重ねたら、簡単キャベツのできあがり。思いっきりどんどんむいていく醍醐味を楽しめます。

かつお一本釣りゲーム

作ったかつおを床に置いて、釣りゲームをしてみよう！

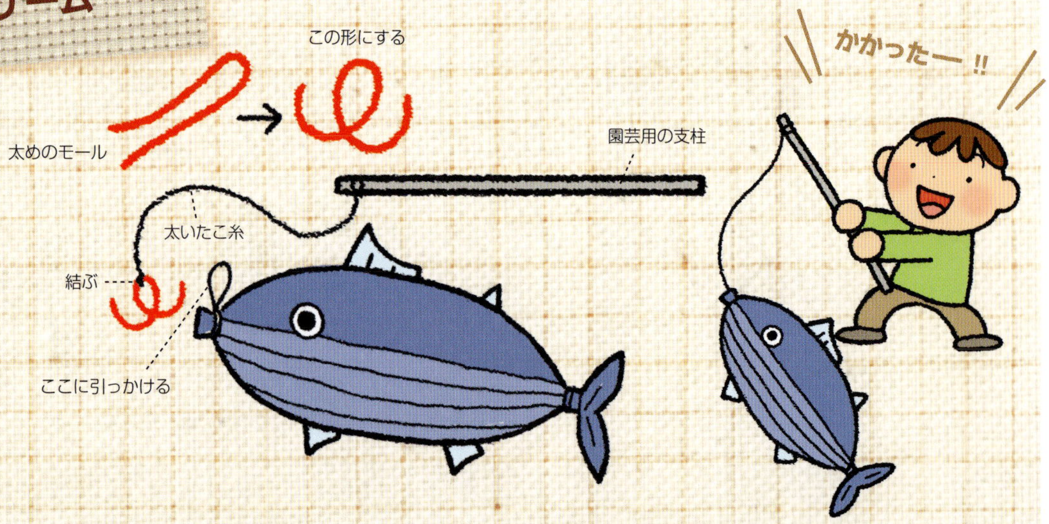

太めのモール → この形にする

園芸用の支柱

太いたこ糸

結ぶ

ここに引っかける

かかったー!!

夏

元気なおひさまが　育てたよ
切ったすいかは　赤いヨット
とうもろこしは　つぶつぶ電車
みんなの口へと　夏の旅

夏の食べ物工作

トマト
色は違うけど、なすの仲間だよ

きゅうり
表面にイボイボがあるよ

パイナップル
あま〜い香りがおいしそう

なす
丸いのや長いのもあるよ

えだまめ
熟すと大豆になるよ！

ピーマン
熟すと緑から赤に変身する！

おくら
刻むとネバネバ！

作り方

トマト
新聞紙を丸め、カラーポリ袋（赤）で包む。

色画用紙（緑）

きゅうり
色画用紙（緑）を筒状にして、ティッシュペーパーを詰めて両端をねじる。

黒い点を描く

えだまめ
色画用紙（緑）で葉を作り、枝は曲がるストローの先を切り、別のストローにさし込む。

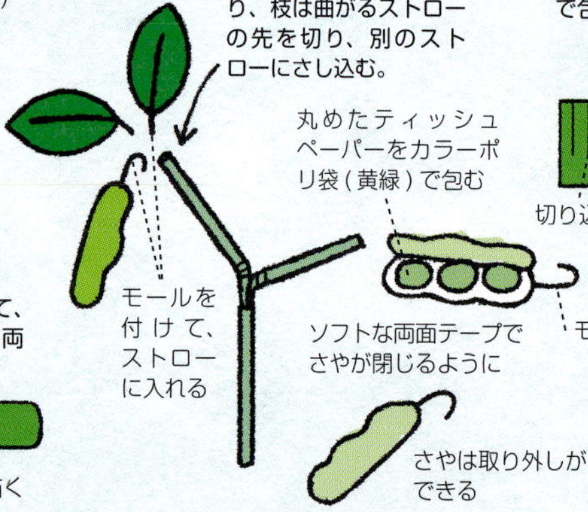

丸めたティッシュペーパーをカラーポリ袋（黄緑）で包む

モールを付けて、ストローに入れる

ソフトな両面テープでさやが閉じるように

さやは取り外しができる

パイナップル
丸めた新聞紙を色画用紙（茶）で包む。

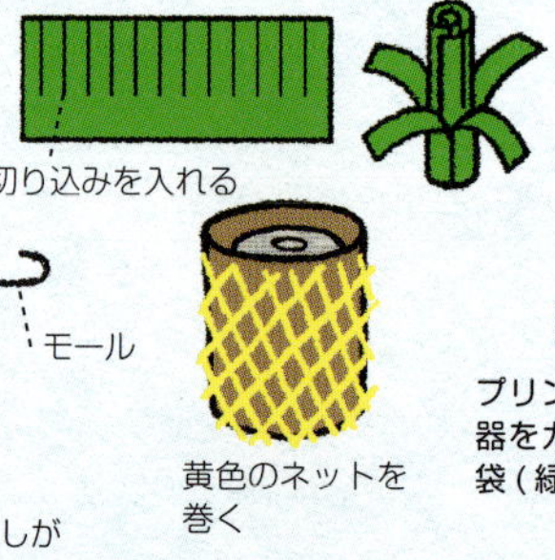

色画用紙（緑）を巻く

切り込みを入れる

黄色のネットを巻く

なす
新聞紙を丸め、カラーポリ袋（紫）で包む。

中央を引っ張る

色画用紙（黒）を巻く

ピーマン
プリンなどの容器をカラーポリ袋（緑）で包む。

色画用紙（緑）

上部の中心を少しへこませる

形を整える

おくら
折り紙（黄緑）を図のように折り、端をのりで留める。中にティッシュペーパーを詰める。

厚紙

折り紙（黄緑）で包み、ねじる

夏

かぼちゃ — 種にも栄養たっぷり！

あじ — 世界中で食べられている

いか — 黒い墨を出すぞ

とうもろこし — ひげの本数と粒の数は同じ

さくらんぼ — 桜の花に似た白い花が咲くよ

すいか — 黄色の果肉のすいかもあるよ

かぼちゃ
丸めた新聞紙とエアーパッキンをカラーポリ袋（緑）で包む。

- カラーポリ袋（緑）
- スズランテープ（黄緑）で8等分にするようにしばる

とうもろこし
ペットボトル（500ml）をカラーポリ袋（黄）で包む。

- 裂いたスズランテープを束ねる
- カラーポリ袋（黄）で包んだ上から、エアーパッキンで包む
- 丸めた片段ボール（黄緑）
- クレープ紙（黄緑）
- 葉をマスキングテープ（黄緑）で巻き付ける

あじ
ペーパーアルミホイルで胴体と尾を作る。ティッシュペーパーをはさんで、もう1つの胴体をかぶせる。

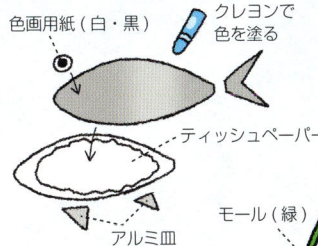

- 色画用紙（白・黒）
- クレヨンで色を塗る
- ティッシュペーパー
- アルミ皿
- モール（緑）

さくらんぼ
ティッシュペーパーを丸め、カラーポリ袋（ピンク）で包み、セロハンテープで絞る。

いか
画用紙でパーツを作る。クレヨンで顔を描く。

足は切ってから輪にし、模様を描く

すいか
スチロール容器（2個）をカラーポリ袋（緑）で包み、ビニールテープ（黒）で模様をつける。

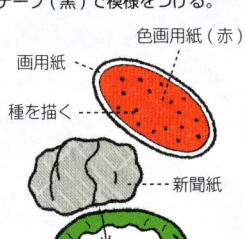

- 色画用紙（赤）
- 画用紙
- 種を描く
- 新聞紙
- 上下2重ねる

食への興味

ジャンボ！とうもろこし

大きいって楽しい！ ジャンボなとうもろこしの粒を
くっつけたりはずしたりしてみよう。

○ねらい

食材を大きく作ったり、自分が食べ物に変身することで食材の構造や色などにも注目していきます。

粒は全部でいくつあったかな？
今度はきれいに並べてくっつけてみよう！

あっ
とれた！

大きいね〜

言葉かけポイント

とうもろこしって、どんなお料理で食べる？

とうもろこしのひげの数と、粒の数は同じなんだよ！

作り方

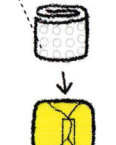

裂いたスズランテープをペットボトルの口にさし込んで貼り留める

エアーパッキングを丸め、カラーポリ袋（黄）で包む

両面テープで貼り付ける

2L
ペットボトル

片段ボールを丸めてペットボトルの口にさし込み、しっかり貼り留める

遊びの発展

特大ジャンボとうもろこしでおもしろ運動会競技！

粒を3つとって戻ってくる、などのルールを設けて、運動会競技にも！

運動用マット

1つ、2つ……
あせあせ

そらまめになろう！

豆むきのお手伝いや絵本で親しみのある「そらまめ」や、季節ならではのくだものになりきって遊んでみよう。劇遊びにもおすすめ！

夏

出てきて〜

はあい

やあ！

作り方

エアーパッキングを2枚同じ形に切り取り、カラーポリ袋(緑)で包む。

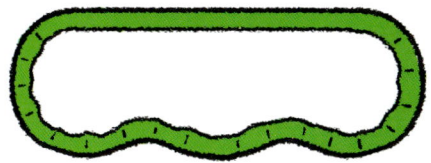

帽子はかぶせてから後ろで留める
シール折り紙(黒)
カラーポリ袋(黄緑)

カラーポリ袋(黄緑)を切り取る

そらまめイスとりゲーム
1つに2人まで入れる……などのルールを作って、いろいろな場所に置いてみましょう。音楽が鳴り終わったところで入れるかな？

同じポーズをしよう
なかよし2人のそらまめチーム。同じポーズをしてみよう。ぴったり息が合うかな？

くだものになろう！

そらまめと同じように、季節のくだものに変身！

 春　いちご

 夏　すいか

 秋　ぶどう

 冬　みかん

食のバランス

なにのせる？トッピングゲーム

子どもたちの好きなピザとラーメンにトッピングするゲームです。
それぞれプレーンな状態に、好みのものをトッピング。

◯ ねらい

食事はバランスよく食べることが大切。主食にトッピングすることでバランスを整えることを考えます。トッピングで味覚にも広がりが生まれます。

コーン大好き！
いっぱいのせちゃお

もやし……
どうしようかな

作り方

ピザ
紙皿を伏せた形で2枚重ねる。上の紙皿の底に折り紙（赤）を貼り、4等分に切っておく。

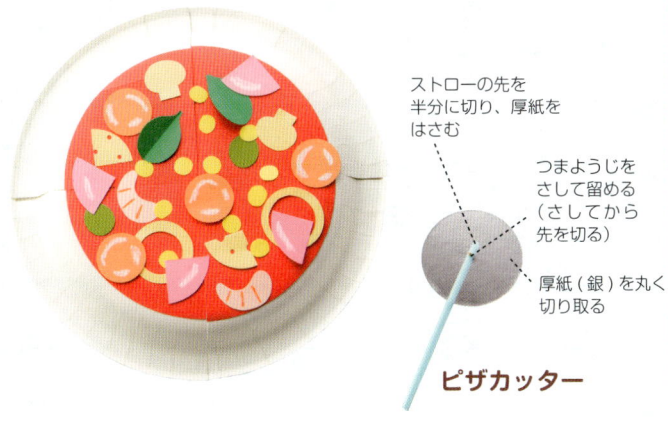

- ストローの先を半分に切り、厚紙をはさむ
- つまようじをさして留める（さしてから先を切る）
- 厚紙（銀）を丸く切り取る

ピザカッター

具材は、色画用紙・折り紙を切り、模様を描く。

- チーズ … 折り紙（黄）を4つ折りにして切る
- ハム
- コーン
- バジル
- サラミ
- マッシュルーム
- えび
- たまねぎ
- オリーブ

ラーメン
スチロール容器にシール折り紙（赤）で模様を作って貼る。

- カラーセロハン（黄）の上に具をのせる
- 麺は毛糸（黄）
- **れんげ**

具材は、色画用紙・折り紙を切り、模様を描く。

- ねぎ … 色画用紙（緑・黄緑）を細く巻いて切る。大きさはふぞろいに
- 紅しょうが
- なると
- のり
- ほうれんそう
- コーン
- チャーシュー
- たまご
- もやし … 白のモールの先に黄のモールを巻く

遊びの発展

年長さんは作るだけにとどまらず、こんな遊びにしてもおもしろいでしょう。

■ ピザ屋さん・ラーメン屋さんになって、オリジナルメニューを考えよう。

言葉かけポイント
- チョコレートピザってどうかな？
- どんな具の組み合わせが好き？

■ 配達ごっこをしてみよう。注文を間違えずに配達できるかな？

あれ、うちが頼んだのはコーンラーメン1つとチャーシューメンが2つなんですけど？

こんにちはラーメンが2つと特大チャーシューメンが1つですね

夏

食への興味

ジャンボ！かじきまぐろ

巨大なかじきまぐろの中に入って、切り身を探してこよう。
いくつ探せるかな？

かくして
かくして

いくつ見つけられるかな？

いらっしゃい！
新鮮な魚だよ！

解体ショー

ねらい
よく目にするかじきまぐろの切り身は、大きな魚の一部であると体感してみましょう。手元に届く食材は加工されていることを知ります。

夏

作り方

かじきまぐろ

①エアーパッキングを2枚胴体の形に切って、1枚に骨のようにクラフトテープ（白）を貼り、もう1枚のエアーパッキングを上に重ねてセロハンテープで貼る。

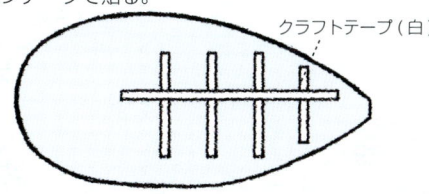

②青いカラーポリ袋を図のように貼り、エアーパッキングで背びれ胸びれを作って貼る。

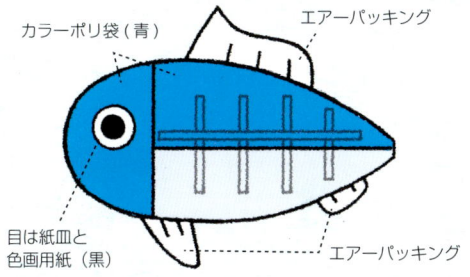

③青いカラーポリ袋で角と尾を作り、腹のあたりのエアーパッキングを図のように切って、中に入れるようにする。

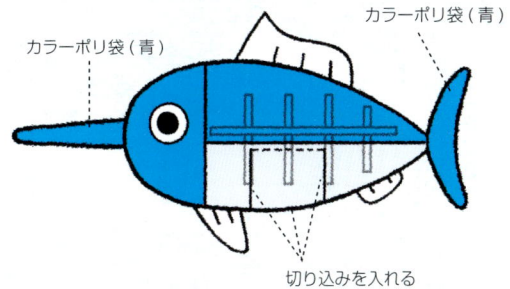

切り身

エアーパッキングをカラーポリ袋（赤・ピンク）で包む。

魚屋さんの道具

紙皿と段ボールで作る。

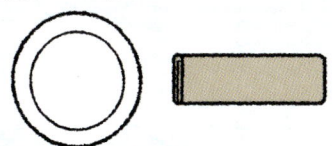

言葉かけポイント

- かじきまぐろはどんな料理で食べている？
- こんな大きな魚だったら、何人分の切り身がとれそうかな？
- すごい速さで泳ぐんだって。どんな風に泳ぐのかな？

食の知識

食育シアター
モウモウ大王とまめまめ大王

型紙 66〜69ページ

牛乳からできているものを持っていくと、願いをかなえてくれる「モウモウ大王」。大豆からできているものを持っていくと、願いをかなえてくれる「まめまめ大王」。シアターを見ながら、なにから作られているか、いっしょに考えてみよう！

ねらい
動物性たんぱく質の牛乳と植物性たんぱく質の大豆を取り上げ、身近な食べ物がなにからできているのかに関心をもちます。

準備するもの
画用紙　割り箸 12 本　油粘土　段ボール箱 2 個　厚紙　色画用紙　うちわ 2 枚

このシアターで使う絵人形
絵人形の作り方は、66 〜 69 ページ参照。

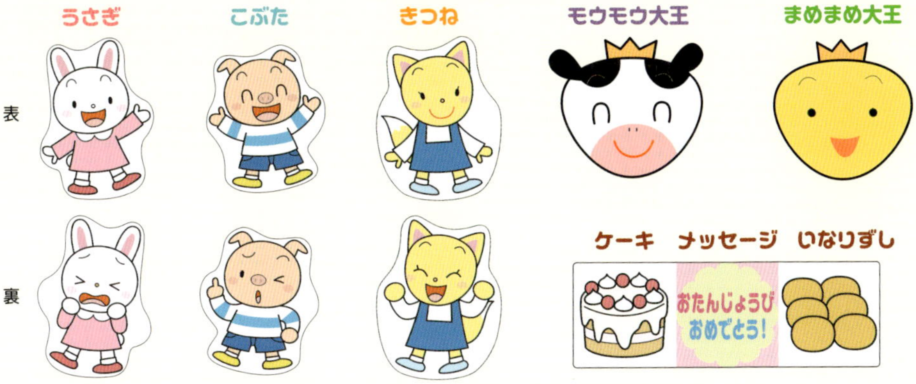

	うさぎ	こぶた	きつね	モウモウ大王	まめまめ大王
表					

段ボールと色画用紙でモウモウ大王とまめまめ大王を作ります。
うちわに顔を貼り付ける
ここで顔の一部を出した状態にして留める
厚紙を貼ってストッパーに

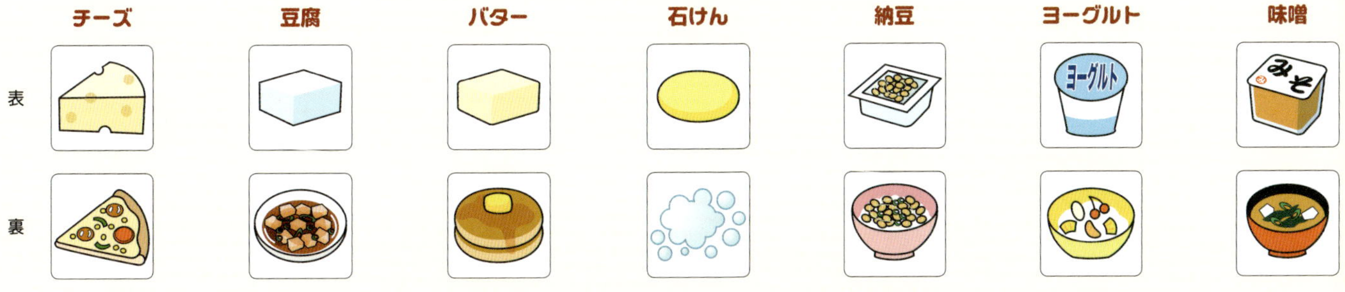

	ケーキ	ソーセージ	いなりずし
裏			

	チーズ	豆腐	バター	石けん	納豆	ヨーグルト	味噌
表		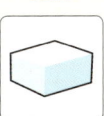					
裏							

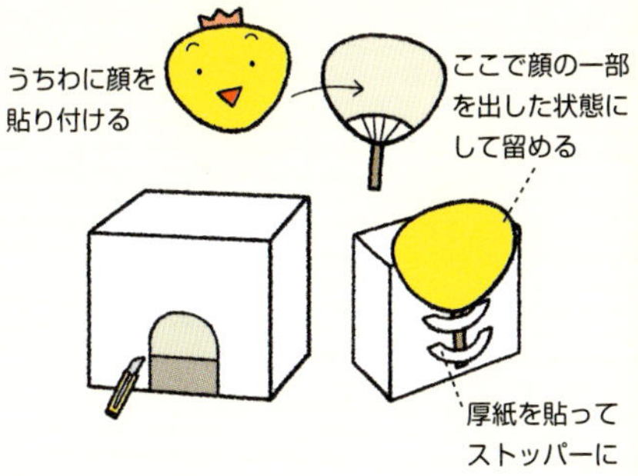

☆舞台にモウモウ大王と、まめまめ大王を、顔を引っ込めた状態で置いておきます。
☆チーズ、豆腐、バター、石けん、納豆、ヨーグルト、味噌の絵人形を舞台の下に出す順番に並べておきましょう。
☆本文中「立てます」とあるところは、すべて割り箸を油粘土にさして立ててください。

やってみよう①
親子参観の日に親子でペアを組み、どれだけ当たるか対抗戦をしてみましょう。

やってみよう②
年長さんは、慣れたら全部答えを子どもに問いかけたり、子どもに演じてもらうなど参加度をアップしても。

1

ナレーター　あるところに、牛乳が大好きなモウモウ大王と、大豆が大好きなまめまめ大王がいました。
☆うちわを引き上げて、顔を出しながら。
モウモウ　モウモウ！　牛乳で作ったものを3つ持ってきたら、願いごとをかなえてあげるぞ〜。
まめまめ　まめまめ〜！　大豆で作ったものを3つ持ってきたら願いごとをかなえてあげるよ〜。
☆それぞれ顔は元の位置に下げます。
（以下同様に、大王たちはせりふを言うときに出し、終わったら下げます。）

2

☆うさぎ（表）とこぶた（表）を登場させます。
ナレーター　あっ、うさぎちゃんとこぶたくんが来ましたよ。
うさぎ　ねえ、こぶたくん、今日はきつねちゃんのお誕生日だから、大王たちにお願いして、プレゼントを出してもらいましょうよ。
こぶた　うん、それじゃ、家から牛乳か大豆でできているものを持ってこよう！
☆うさぎとこぶたを走るように動かしながら下げます。

3

☆うさぎ（表）が**チーズ**を持っているようにして登場させます。
（食べ物を出すときは、以下同様にして出します。）
うさぎ　**チーズ**を持ってきたけど、牛乳と大豆、どっちからできているのかな……？
そうだ、きっと牛乳ね！　モウモウ大王さま、どうぞ。
☆うさぎをモウモウ大王のところまで動かし、チーズを箱の穴へ入れます。
（食べ物を持ってきたら、以下同様にします。）

4

モウモウ　モウモウ〜！　チーズは大当たり！牛乳1つ目、受け取ったでモウ〜。
うさぎ　やったー！
☆チーズをモウモウ大王の横に立てて、うさぎを下げます。
（正解の食べ物は、以下同様に横に立てます。）

5

☆こぶた（表）と**豆腐**を出します。

こぶた　**豆腐**を持ってきたけど、どっちからできているのかな……？
うん、きっと大豆だね。まめまめ大王さま、どうぞ。

うん、きっと大豆だね。

6

まめまめ　まめまめ～！　豆腐は大当たり！
大豆1つ目、受け取ったでまめ～！

こぶた　わーい！

☆こぶたを下げます。

わーい！

7

☆うさぎ（表）と**バター**を出します。

うさぎ　こんどは、**バター**よ。黄色いから、きっと大豆ね！
まめまめ大王さま、どうぞ。

☆まめまめ大王の顔を出して、揺らします。

まめまめ　ブッブー！　違うだまめ～。

☆うさぎを反転させ、裏にします。

うさぎ　わあ、しまった！

しまった！

8

☆うさぎ（裏）がバターをモウモウ大王の方へ入れます。

うさぎ　今度は間違えないわ。
モウモウ大王さま、どうぞ！

モウモウ　モウモウ～！　バターは当たり！
2つ目、受け取ったでモウ～！

うさぎ　わあ、よかった！

☆うさぎを反転させ、表にしてから下げます。

9

☆こぶた（表）と**石けん**を出します。

こぶた　次のは、四角いし、固いし、きっとチーズだ。
　　　　　モウモウ大王さま、どうぞ。

モウモウ　ブッブー！
　　　　　これはあわあわぶくぶくの**石けん**だモウ～！

☆モウモウ大王の顔を出して、揺らします。

こぶた　わあ、しまった！　石けんだったんだ！

☆せりふに合わせて石けんとこぶたを反転させて裏にし、
　いっしょに下げます。

しまった！

10

☆こぶた（裏）と**納豆**を出します。

こぶた　今度は間違えないぞ。
　　　　　納豆は豆みたいだから……まめまめ大王さま、
　　　　　どうぞ。

まめまめ　まめまめ～。納豆は正解！
　　　　　2つ目、受け取ったでまめ～。

こぶた　わーい、よかった！

☆こぶたを反転させ、表にしてから下げます。

11

☆うさぎ（表）と**ヨーグルト**を出します。

うさぎ　最後は**ヨーグルト**だけど、どっちかなあ？
　　　　　ねえ、みんなはどっちだと思う？

☆子どもたちに呼びかけ、答えを待ってから。

うさぎ　そうね、わかった！　ありがとう！！
　　　　　モウモウ大王さま、どうぞ！

モウモウ　モウモウ～！
　　　　　ヨーグルトは大当たり～！
　　　　　3つ目、受け取ったでモウ～！

うさぎ　やったー！　みんな、ありがとう！

みんなは
どっちだと思う？

36

12

☆こぶた（表）と**味噌**を出します。

- **こぶた**　ぼくの最後は**味噌**だけど、
　　　　　ねえ、みんなはどっちだと思う？

☆子どもたちに呼びかけ、答えを待ってから。

- **こぶた**　わあい、わかった！　ありがとう！！
　　　　　まめまめ大王さま、どうぞ！
- **まめまめ**　まめまめ～！　味噌は大当たり～！
　　　　　　3つ目、受け取ったでまめ～！
- **こぶた**　やったー！　みんな、ありがとう！

やったー！

13

☆うさぎ（表）を出します。

- **ナレーター**　モウモウ大王とまめまめ大王は、
　　　　　　　ふたりのお願いごとを
　　　　　　　かなえてくれることになりました。
- **うさぎ**　今日はきつねちゃんのお誕生日なんです。
- **こぶた**　だからおいしいものを
　　　　　プレゼントしたいんです。

☆うさぎとこぶたを立てます。
　大王たちの顔を出しながら。

- **モウモウ**　よし、わかったでモウ～。
- **まめまめ**　願いごとをかなえるでまめ～。

☆大王たちの顔を、出しきったところで
　箱の後ろで固定します。

14

うさぎちゃーん

☆きつね（表）を出し、うさぎたちの隣に立てます。

- **きつね**　うさぎちゃーん、こぶたくーん！
- **ナレーター**　あっ、きつねちゃんが来ましたよ。
- **モウモウ**　牛乳から作ったクリームケーキ、
　　　　　　出てこい、モウモウ～！

☆クリームケーキを出します。

- **まめまめ**　大豆から作った油あげのいなりずし、
　　　　　　出てこい、まめまめ～！

☆反転していなりずしを出します。
☆うさぎとこぶたの近くで折りたたまれたメッセージ部分を
　表に出すように広げて、立てます。

- **うさぎ**
- **こぶた**　きつねちゃん、お誕生日おめでとう！

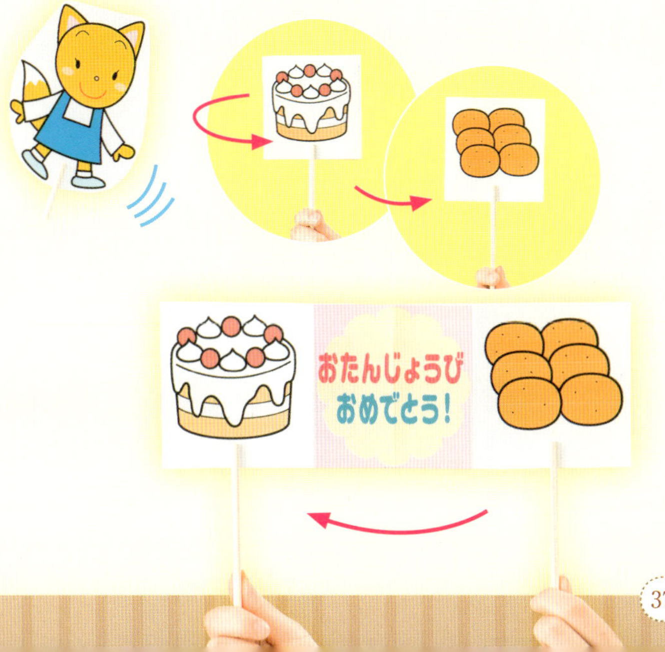

おたんじょうび
おめでとう！

15

ナレーター　それから、今までうさぎちゃんとこぶたくんの渡した食べ物が、
　　　　　　おいしそうなお料理に変わりましたよ！

☆それぞれの絵人形を反転して、子どもたちに見せながら
　ピザ、麻婆豆腐、ホットケーキ、納豆ごはん、フルーツヨーグルト、味噌汁の面を立てます。

16

☆きつね(裏)とうさぎ(表)とこぶた(表)を持ちます。

きつね　　　すごいごちそう、ありがとう！
うさぎ　　　みんなもいっしょに食べましょう！
こぶた　　　さあ、分けるよ、どうぞ！
ナレーター　では、みんなでいただきまーす！
　　　　　　パクパクパクパク、いっしょに食べるとおいしい、おいしい！

☆みんなで食べるまねをします。

ナレーター　ああ、おいしかった！　ごちそうさま。
　　　　　　みんなのおかげで、とても楽しいお誕生会になりましたね！

　　　　　　　　　　　　　　　　　　　　　　　　　　　　　おしまい

みんなの
おかげで

とても楽しい
お誕生会に
なりましたね！

秋

秋がくだものたちを　きれいな色に変えたよ
それは魔法　それはおいしくなった信号
太ったおいもは　子どもたちとつなひき
きのこは森で　かくれんぼ

秋の食べ物工作

たまねぎ
春と秋に旬を迎える

さつまいも
葉はハートの形をしているよ

じゃがいも
芽は食べちゃダメ!

にんじん
馬やうさぎも大好き

さば
背中の模様が目印!

さんま
刀のような姿をしているね

ピカ　ピカ

作り方

たまねぎ　カラーポリ袋(黄・オレンジ)を重ねて、丸めた新聞紙を包む。
- 黄を出す
- 少しねじってセロハンテープで留める

さつまいも　色画用紙(茶・紫)を筒状にして、新聞紙などを丸めて詰める。
- 絞る

さば　ペーパーアルミホイルを大きめの筒状にして、ティッシュペーパーを詰める。
- 色画用紙(白・青)
- 口や模様を描く
- アルミ皿

にんじん　色画用紙(オレンジ)を筒状にして、新聞紙などを丸めて詰める。
- 色画用紙(黄緑)
- 差し込んでセロハンテープで留める

じゃがいも　丸めた新聞紙をよくもんだ色画用紙(黄土色)で包む。

さんま　ペーパーアルミホイルを細い筒状にして、ティッシュペーパーを詰める。
- アルミホイル
- 色画用紙(白・黒)
- 口の形に切る

秋

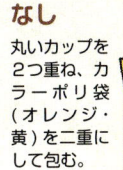

なし — 食べるとシャリシャリ！

ぶどう — 緑色や紅色のぶどうもあります

かき — 渋柿も干すと甘くなるよ

くり — いがに守られているね

りんご — 寒いところで育ちます

しいたけ — 日本で一番作られているきのこ

しめじ — 歯ごたえもおいしさのひとつ

なし
丸いカップを2つ重ね、カラーポリ袋（オレンジ・黄）を二重にして包む。
茶の点を描く
モール

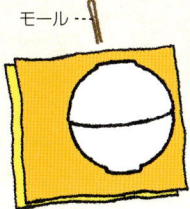

ぶどう
モールで茎の部分を作る。そこに実を貼り付ける。
ティッシュペーパーを丸めて、カラーポリ袋（紫）で包む

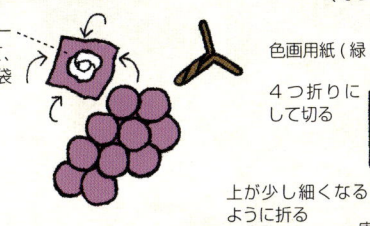

かき
丸めた新聞紙をカラーポリ袋（オレンジ）で包む。
色画用紙（緑）
4つ折りにして切る

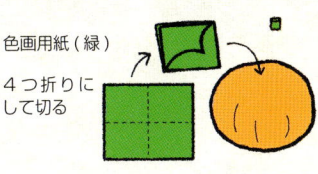

しいたけ
丸めたティッシュペーパーを折り紙（茶）で包み、画用紙でふたをする。
ティッシュペーパーを詰める
筋を描く
裏側に貼り付ける
折り紙（ベージュ）

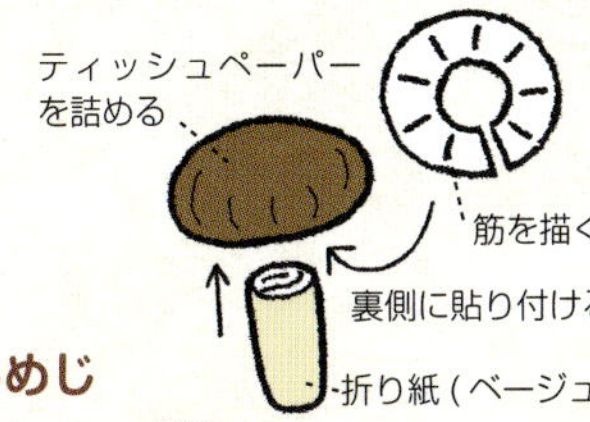

りんご
プリンなどの容器にティッシュペーパーを詰め、カラーポリ袋（赤）で包む。
容器がなければ新聞紙を丸めてもよい
モール

くり
折り紙（茶）を2つ折りにして、真ん中に実を入れる。
上が少し細くなるように折る
実は折り紙（ベージュ）
折り紙（ベージュ）を貼り込む
点を描く

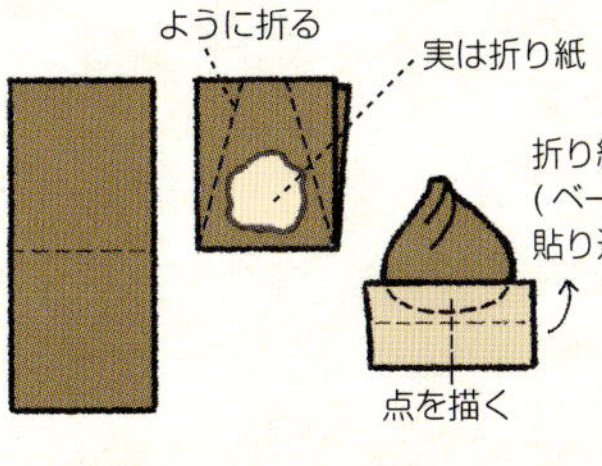

しめじ
小さく丸めたティッシュペーパーを折り紙（薄茶）で包む。
ティッシュペーパーを巻いて貼り付ける
ティッシュペーパーを詰める

41

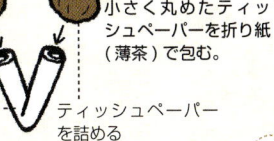

ワクワク！ドキドキ！ぼくのわたしのお弁当

食のバランス

身近な材料でお弁当を作ってみましょう。どれを入れようか、迷っちゃう。彩りや栄養バランスも考えて詰められるかな？

◯ ねらい

お弁当は彩り豊かなうえ、栄養バランスのとれたおいしさの玉手箱。自分で詰めてみることで、美しさやおいしさの秘密を実感してみましょう。

材料　箱……お菓子の箱などの小さい箱
　　　　材料…軽量紙粘土、折り紙など
　　　　　　（着色する際は、水彩絵の具を少量混ぜて練り込む）

おにぎり
米粒を紙粘土で作り、三角の紙粘土の塊に貼り付ける。
— 折り紙

しゃけ
皮の部分はアルミホイル。乾いてから白い模様を描く。

煮豆
昆布は折り紙を切る。

コロッケ
紙粘土を丸め、薄手のタオルで包む。

ウインナー
粘土が固まる前につまようじで顔を作る。

たくあん

きゅうり

プチトマト

にんじんソテー

自分で詰めよう！

ここに入るかな？

できた！

おいしそう！

秋

たまごやき
紙粘土を平たい棒状にしてくるくる巻く。

ハンバーグ
つまようじで凹凸をつける。

ブロッコリー
上下別々に作ってくっつける。

しいたけ
色の異なる紙粘土を重ねて、上のこげ茶に切り込みを入れる。

遊び方

プレゼントに！
いつもお弁当を作ってくれるおうちの人に感謝の気持ちを込めてプレゼントしてみよう！ 親子行事や敬老会のイベントにもぴったり。

お箸の練習
いろいろなおかずを割り箸で詰めてみよう。コロッケやブロッコリーから始めて、小さい豆やプチトマトなど難易度の高いものにもチャレンジ！

コンテストをしてみよう！

素敵なお弁当コンテストをしてみよう！『きれいで賞』『栄養バランスよいで賞』『満腹になるで賞』『お野菜いっぱいで賞』等で表彰してみても！

作ろう！ マイお弁当箱

お菓子の空き箱や透明のプラスチックパックに好きな模様を作って貼ります。

食のバランス

リズム遊び うたって踊ろう！ ライオンおうさま

うたって踊って体感しながら、もりもり元気に食べる子になろう！
さあ、レッツゴー！

○ねらい

肉も野菜もバランスよく食べるのは大事なこと。楽しいリズム遊びを通して、よくかみながら、なんでも元気に食べる大切さを共有しましょう。

食育の時間の
テーマソングに！
お昼ごはんの前に！

1

① 両手を上げて冠の形をなぞる
ライオンおうさま

② 右手をつき上げる
おにくが

③ 手を腰に当てる
だいすき

④ 手を前に出す
いただき

⑤ 出した手をぐっと体に引き寄せる
ます！で

⑥  食べるまねをする
うがうが　ぱくぱく

⑦ その場で足踏みをする
よくかむ　よくかむ

⑧ 両手でバンザイをする
じゅうまんかい

⑨ 体を縮めてから伸ばしていく
からだが ぐんぐん

⑩ 右手を上げてジャンプする
おおきくなるぞ

②〜⑤番も振り付けは同様です。ただし、①のみ、以下の振り付けに変更してください。

2 手を鼻の前から顔の横へ2回動かす
しまねこおうさま

3 手を頭に付けて前へ2回倒す
うさぎのおうさま

4 握った手を頭とあごに左右1回ずつ付ける
おさるのおうさま

5 顔を指差し、頭を左右にかしげる
にんげんのみんな

ライオンおうさま

作詞・作曲　山本和子

元気よく

1. ライオン おうさま　おにくが だいすき　いただきます！ でうが うが ぱく ぱく
2. しまねこ おうさま　さかなが だいすき　まるごと たべる ぞ かり かり ばり ばり
3. うさぎの おうさま　やさいが だいすき　まいにち たべます しゃき しゃき ぽり ぽり
4. おさるの おうさま　おむすび だいすき　のりまいて ごまかけ ほく ほく むぐ むぐ
5. にんげんの みんな　いろいろ だいすき　おにくも さかなも やさいも たべるよ

よくかむ よくかむ　じゅう まんかい　からだが ぐんぐん　おおきくなる ぞ
よくかむ よくかむ　ひゃく まんかい　ほねが じょうぶに　なりました
よくかむ よくかむ　せん まんかい　からだが すっきり　よい ちょうし！
よくかむ よくかむ　おく まんかい　げんきが どんどん　わいてくる
よくかむ よくかむ　ごはんも パンも　たべもの ありがとう　ごちそうさま

食べ物みこしでワッショイ！

食への興味

かわいいおみこしに、楽しいおみこし。華やか！ にぎやか！
運動会や夕涼み会などでも盛り上がりそうですね！

※写真は、8ページ参照。

○ねらい
お祭りのおみこしに、工作で作った食べ物をのせてみんなで担ぎます。豊作を喜び合う祭りを通して、食への興味や感謝を深めていきます。

くまさんの食べ物祭りみこし

作り方

① おみこしの担ぎ棒を作る。

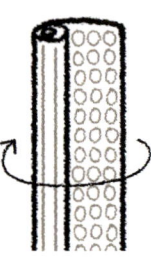

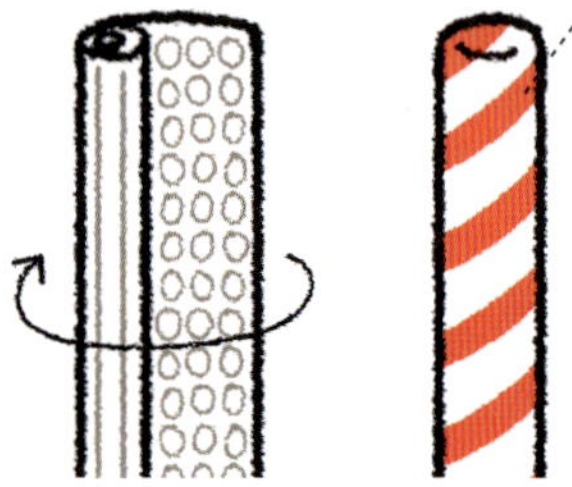

- 園芸用の支柱1本を、エアーパッキングで担ぎやすい太さに巻く
- カラービニールテープ（赤）をななめに巻き付ける 
- 縦と横の棒は、2本の結束バンドでしっかり結ぶ

② くまのパーツを作る。

うさぎやパンダなど好きな動物にアレンジしても！

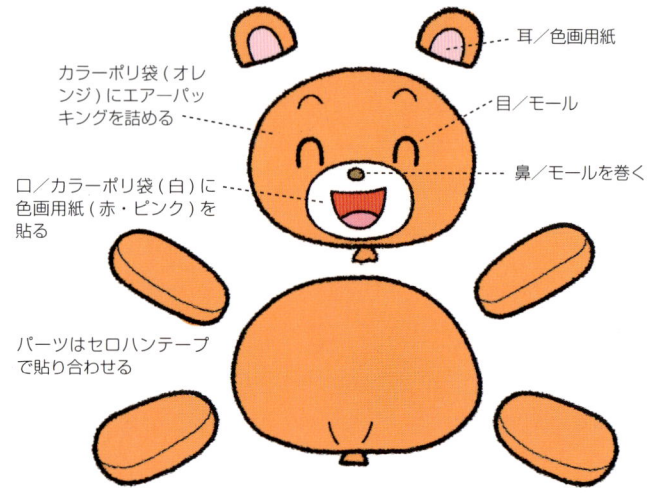

- 耳／色画用紙
- 目／モール
- 鼻／モールを巻く
- カラーポリ袋（オレンジ）にエアーパッキングを詰める
- 口／カラーポリ袋（白）に色画用紙（赤・ピンク）を貼る
- パーツはセロハンテープで貼り合わせる

③ 段ボール箱に組み立てる。

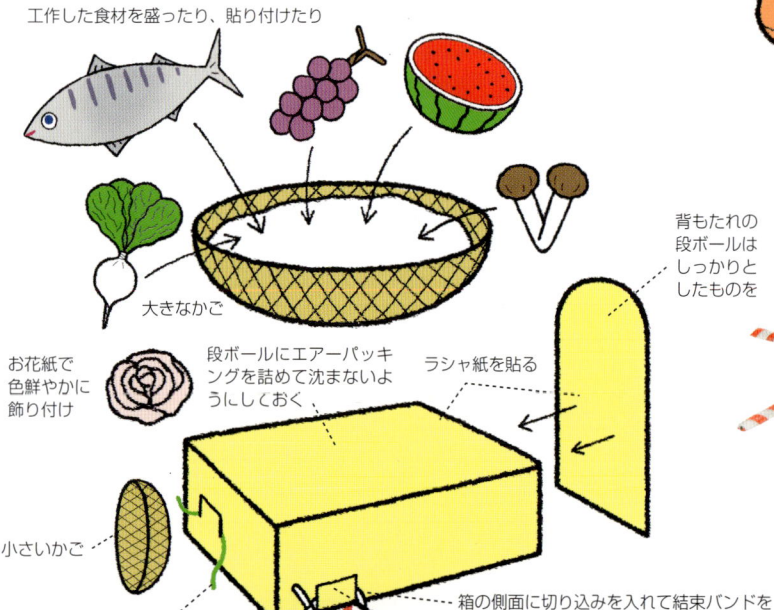

- 工作した食材を盛ったり、貼り付けたり
- 大きなかご
- お花紙で色鮮やかに飾り付け
- 段ボールにエアーパッキングを詰めて沈まないようにしくおく
- ラシャ紙を貼る
- 背もたれの段ボールはしっかりとしたものを
- 小さいかご
- 切り込みにモールをはさんで、かごの底にモールを突き刺して留める
- 箱の側面に切り込みを入れて結束バンドをはさみ、担ぎ棒を固定する
- 上からクラフトテープを貼り付ける

重いおみこしは子どもに負担がかかります。軽量化を意識して！
風船を飾ってもいいね！

お弁当みこし

作り方

カラーポリ袋にエアーパッキングを詰めて、食べ物を作る。

しゃけ — 上にアルミホイルを貼る

おむすび — 新聞紙で三角のベースの形を作り、白い紙で包んでからカラーポリ袋(白)で包む

トマト — 色画用紙(緑)

ブロッコリー — 色画用紙(緑)をもみほぐす

ハンバーグ — カラーポリ袋(茶) / 色画用紙(茶)

タコウインナー — パーツを作って貼り合わせる

たまごやき

- 段ボール
- 片段ボールを丸めて箸にする
- 箸置きは折り紙で作る

海・山・畑 子ども山車(だし)

作り方

根菜は畑の面に、木になる実などは山の部分に、海の生き物は側面の海に、確認しながら貼り付けよう。

- 風船やお花紙の花を貼る
- 工作の食材を貼る
- 工作の食材を貼る
- カラーポリ袋(緑)にエアーパッキングを詰めて山の形に整える
- 上部は丸く切り取る
- 根菜は地面から生えているように差し込む
- 段ボールに切り込みを入れる
- ラシャ紙(青)を側面に貼る
- 魚を貼る
- ロープを付ける

秋

小さい子でもできる簡単ゲーム

秋の収穫ゲーム

実りの秋にはおいしいものがいっぱい！

ジャンボぶどうだ！

特大のぶどうで、ぶどう狩りをしてみよう。落とさないように、うまくとれるかな？

大きなぶどう、ゲット！

作り方
- ハンガー
- ティッシュペーパーを丸めて、カラーポリ袋（紫）で包む
- 貼り留める
- 穴
- モールでしばり、不織布の穴に引っかける
- 不織布を三角形に切る

おいしいかきをとろう

日本のくだもの、かき。絵本の中にもたくさん登場します。壁に木や枝を作り、実をテープで貼り付けてたくさん収穫しよう。
かきの作り方は、41ページ参照。

おいしそう！

楽しいきのこ狩り

作り方
- いろいろな大きさや色で作ろう！
- 色画用紙
- 紙コップ・フイルムケースなど

- 笑いダケや怒りダケも作ってみよう。それを見つけたら笑いが止まらなかったり、プンプン怒るしぐさをしてみよう。
- 赤い毒きのこは、マイナスポイントになる……などのルールを作ろう。

お部屋のいろいろなところに隠してみよう！

冬

寒くても　畑でだいこん育ってる
山のみかんも　日なた色
お鍋のなかでは　ダンスダンス
野菜も魚も　ことこと　ダンス

冬の食べ物工作

はっさく
大きいけど水気は少なめ

みかん
袋やすじにも栄養がある

ブロッコリー
つぶつぶは花のつぼみ

かぶ
葉っぱにも栄養たっぷり

こまつな
カルシウムがたっぷり

ねぎ
ねぎの花はねぎぼうず

ほうれんそう
ピンクの根元にも栄養がある

作り方

はっさく
- モール（緑）
- 点を描く
- よくもんだ新聞紙を丸め、カラーポリ袋（オレンジ）で包む

みかん
- モール（緑）
- 点を描く
- よくもんだ新聞紙を丸め、カラーポリ袋（オレンジ2枚重ね）で包む

ねぎ
- 上質紙（白）と色画用紙（緑）それぞれを巻いて、貼り合わせる。
- 切り込みを入れる

ブロッコリー
- 折り紙（緑）を丸めて貼り付ける
- 丸めた片段ボール（黄緑）
- 片段ボールで巻いて留める

かぶ
- 色画用紙（緑）
- クラフトテープ（黄緑）
- よくもんだコピー用紙を丸め、カラーポリ袋（白）で包む
- 白いこよりを付ける

ほうれんそう
- 色画用紙（濃い緑）を2つ折りにして葉の形に切る。
- モールかストロー（緑）を両面テープで貼る
- 根元はクラフトテープ（ピンク）でまとめる

こまつな
- 色画用紙（濃い緑）を2つ折りにして葉の形に切る。
- モール（緑）を両面テープで貼る
- 根元はクラフトテープ（黄緑）でまとめる

だいこん 赤・黒・緑の大根もあるよ

ごぼう 食べているのはほぼ日本だけ

れんこん 泥の中で育ちます

ほたて 大きな貝柱がおいしいよ

かれい 子持ちがれいの煮付けは最高！

きんめだい 目が金色に輝くよ！

冬

だいこん
上質紙（白）を太い筒状にして、丸めた新聞紙を詰める。
色画用紙（緑）
絞る
中へ折り込む
黄緑色で塗る

ごぼう
色画用紙（茶）をよくもんで、細く巻く。
色画用紙（黄緑）
ねじる
茶色の縦線を描く

れんこん
発泡シートを細い筒状にして何本かまとめる。
上からもう一度発泡シートで巻き、黄土色に塗る

ほたて
片段ボール（白）を2つ折りにして重ねて貝殻の形に切る。丸めたティッシュペーパーを折り紙（薄橙）で包み、貝殻の間にはさむ。

かれい
模様を描く
色画用紙（茶）
丸シール
模様を描く
紙皿を図のように切り取り、上から胴体を貼り付ける

きんめだい
紙皿を2つ折りにして、図のように切り取る。カラーポリ袋（赤）に模様を描いて貼る。
色画用紙（黒）
折り紙（金）
モール
切り取った部分で作る
赤く塗る

共食

みんなでカレーライスになっちゃおう！

体全体でカレーライス作りを体感してみよう！
やってみるとほらほら、カレーのいい香りがしてきますよ！

○ ねらい

身近な食事がどんな過程を経て作られるのかを知り、みんなで食べることの喜びを分かち合います。

クッキング保育でカレー作りをする前に！
キャンプでのカレー調理のイメージ作りに最適。
カレーライスの絵本を読んで気分を盛り上げよう！

準備

○ 色画用紙などで食材のマークを作ります。

カレールー　　**にんじん** 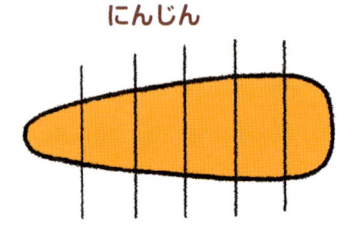　　**肉**

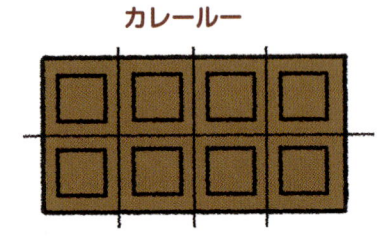

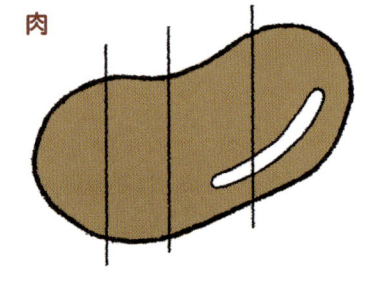

じゃがいも 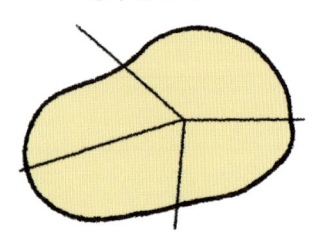　　**たまねぎ**

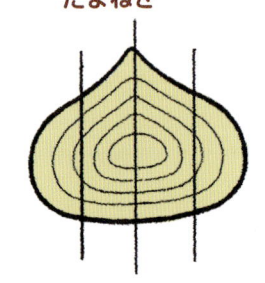

○ カレールーのポンチョを作ります。

カラーポリ袋（黄）を図のようにカットして、頭からかぶる

○ 食材のマークを帽子に貼ります。

お面風にしてかぶってもOK！

○ ごはんを作ります。

レジ袋やカラーポリ袋（白）にエアーパッキングを詰める

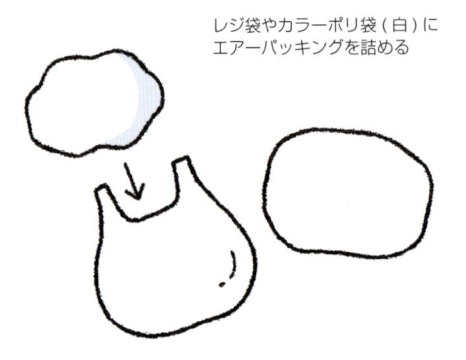

★日常の遊びでは、このようなかぶりものがなくても、なりきるだけでもOK！
★発表会のプログラムにも！ 黄・オレンジなどのTシャツを着れば、よりわかりやすく華やかに！

① 材料を準備します。　にんじん出して（「○○出して」のタイミングでそれぞれ出てくる）、じゃがいも出して、たまねぎ出して、お肉も出して、カレールーを出しましょう。

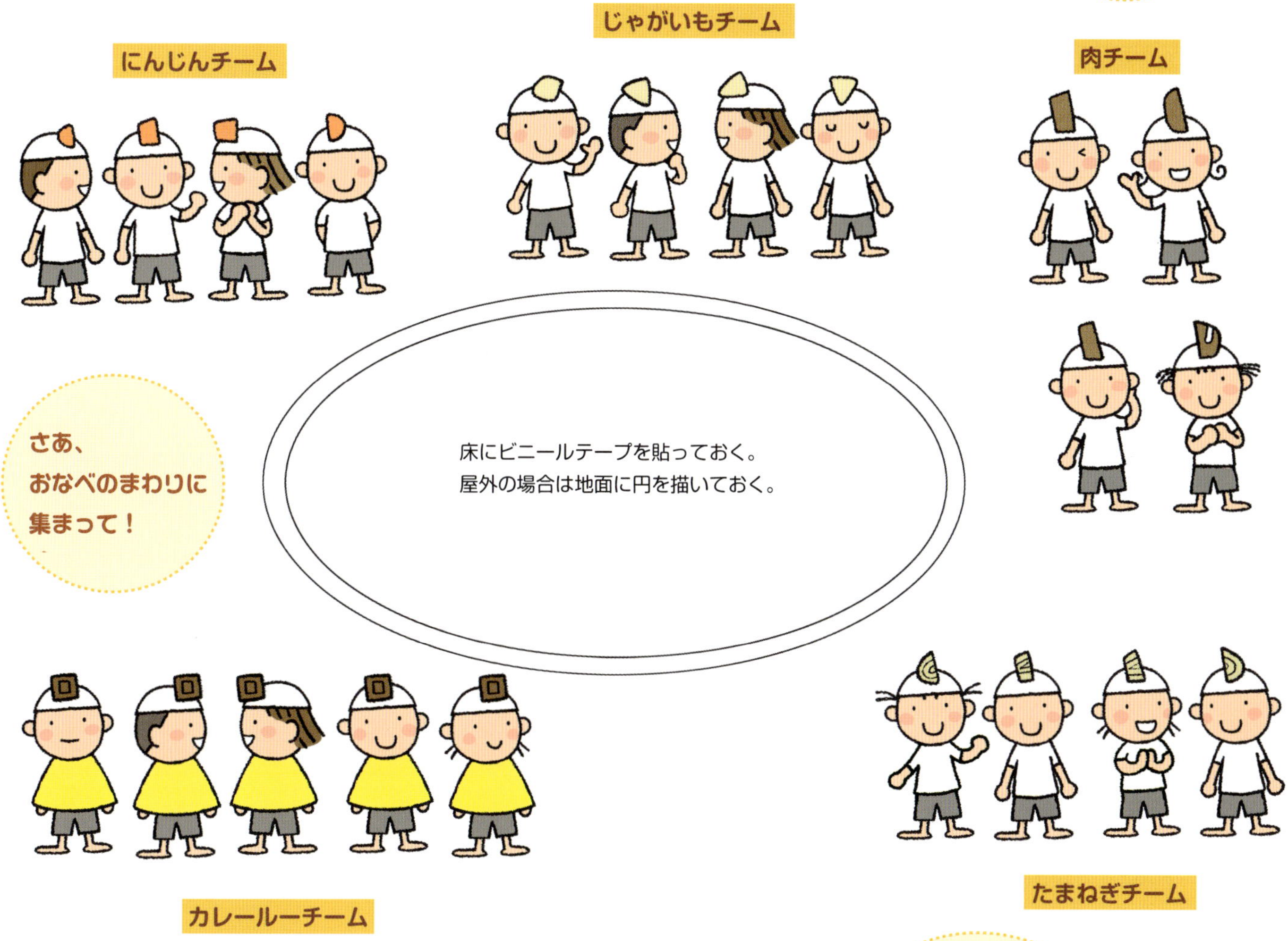

きょうは
カレーライスを
作ります

にんじんチーム

じゃがいもチーム

肉チーム

さあ、
おなべのまわりに
集まって！

床にビニールテープを貼っておく。
屋外の場合は地面に円を描いておく。

カレールーチーム

たまねぎチーム

② 食材を切ります。
（にんじん・じゃがいも・たまねぎ・肉）

にんじん　にんじん
切りましょう！
トントン　トントン

始めはくっついて　………▶　トントン……のかけ声に合わせて、
少しずつ離れていく

言葉かけポイント

たまねぎは切ると
涙が出るね

大きなじゃがいもは
小さく切ろうね

③ 具材を順番に入れていきます。

にんじんさん
入れまーす

④ ジュージュー炒めます。

跳んだりはねたり、具が炒められる動きをしてみよう。

さあ、炒めよう！

⑤ 水を入れて煮込みます。

しゃがんで座ったり、体を少し揺らしたり。
強火のときは激しく動いて、弱火のときは
小さく体を揺らして。

グツグツ強火に
しましたよ！

コトコト弱火に
しましたよ

⑥ よく煮えたらカレールーを入れます。

カレールーの人が入ります。

最後にカレールーを
入れましょう

⑦ よくかき混ぜましょう。

カレールーの人はポンチョを広げ、
みんなで鍋の中を動き回ります。

ぐるぐる
ぐるぐる
右回り

ぐるぐる
ぐるぐる
左回り

あ〜
いいにおい！

⑧ ごはんによそってできあがり！

できあがり～！

いただきます

ごはんを並べておく。

冬

アレンジ

鍋もやってみよう！

- カレーライス同様に、強火や中火、弱火で動きを変えてみよう。
- グツグツ、コトコト、ゴトゴトなど表現を変えてみよう。

豆腐で～す

はくさいで～す

チョコで～す

ええええっっ！

工作した具材を胸にセロハンテープで貼り付ける

- 「残さずに食べようね」の言葉かけも忘れずに！
- 最後に「いただきます」と言いながら外に出ます。

食への興味

食育ディスプレイ
クリスマスの食卓を作ろう！

豪華で特別なクリスマスディナー壁面を、みんなで作り上げよう！

ねらい
みんなの作品を壁面に！テーブルセッティングを知る機会にもしてみましょう。

※写真は、10ページ参照。

サラダ
色画用紙で作る

ハム
丸めたエアーパッキングをカラーポリ袋（ピンク）で包む
- ひも

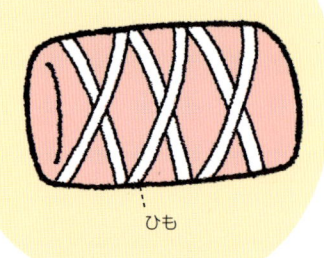

クリスマスケーキ
- 色画用紙
- カラーポリ袋
- 丸めたエアーパッキング
- 片段ボール

クリスマスチキン
- コピー用紙に切り込みを入れる
- 折り紙（黄土色）をもむ
- 巻く

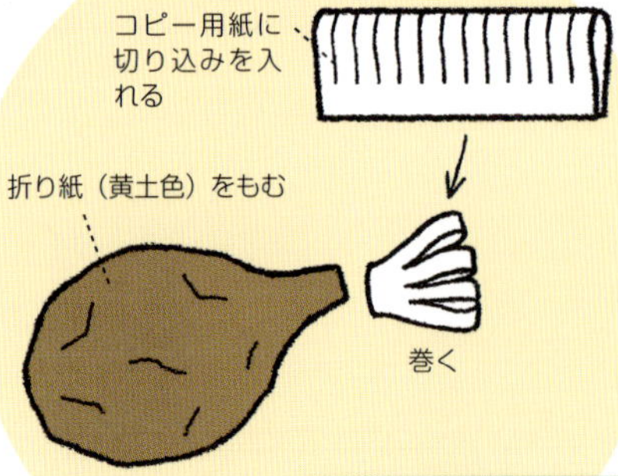

エビロースト
- コピー用紙を丸めて絞る
- テープ（ピンク）

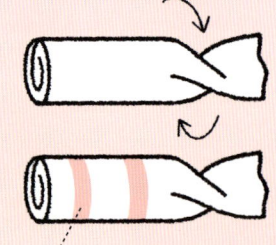

やってみよう！

フォーク＆ナイフをセッティングしてみよう！

- フォークは左に
- ナイフは右に
- 工作用紙（銀）
- きれいな包装紙
- 折り紙（金）

ランチョンマット、テーブルナプキンなどの演出も！

オリジナルピザ大会

型紙 **71**ページ

28ページのピザを利用してもOK！

コックさんに色を塗って、作ったピザを貼り、オリジナルピザを展示しよう！

冬

ひよこぐみ食堂

親子行事で子どもの作ったものを注文してもステキ！

簡単に作れるオリジナル丼をディスプレイ。食堂ごっこもできますね。

- たまごどん 750えん　ひろや
- ひとどん 100えん　ゆうすけ
- すいかどん 300えん　あい
- かつどん 4000えん　たまき
- きょうりゅうのたまごどん 100000えん　けんと
- カレーどん 20えん　ちえこ
- ロコモコどん 500えん　しょうた
- からあげたまごどん 600えん　ももか
- チョコレートどん 500えん　むさし

- 段ボールを床に固定してから壁に貼る
- 段ボールを三角形にして、何か所か下を固定する
- クラフトテープで貼る
- 折り紙や色画用紙で作る
- 新聞紙など
- スチロール容器
- えびふらいめだまやきどん
- オリジナルメニューを作ろう！

食への興味・マナー

食育すごろく

型紙 69・70ページ

さいころ振って、1、2、3……。どこのマス目へ行けるかな？ 遊びながら、楽しく食への興味を育もう！

○ねらい
食にまつわるさまざまな問いに答えるすごろくを友達と楽しみながら、食に関する知識を自然と身につけます。

用意するもの
・段ボール
・色画用紙
・クラフトテープ
・コマ（69ページ）
・さいころ

グループ対抗のゲームに！
親子行事に！

「すきな たべものを 2つ いって」だって！

えっと、おかあさんの作ったカレーと……

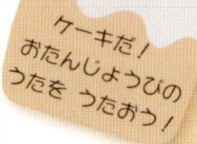

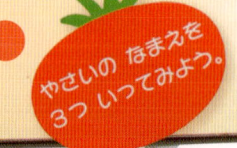

おおきな にくだよ！ よく かむ ために 1回 やすみ

ケーキだ！ おたんじょうびの うたを うたおう！

やさいの なまえを 3つ いってみよう。

遊び方

「いただきます」からスタートし、「ごちそうさま」のマスであがります。
さいころを振って出た数だけ、マス目にコマを進めます。
ミッションのマス目に止まったら、その指示に従ってゲームを進めましょう。

- すきな たべものを 2つ いってね。
- おもちを つく まねを しよう。ペッタン ペッタン！
- あきに おいしい くだものを いおう（かき　くり）
- たまごの りょうりを 1つ いってね。
- りょうりに つかう ものを いって みよう。
- おにぎりに いれたい ものを いってね。
- はみがきの まねを してみて！シャカシャカ！
- まめの まねして、ころがろう。コロン コロン！

ミッションのマス目の例

・にくのりょうりのなまえを 1ついってね
・たべおわったときのごあいさつをいおう！
・おちゃわんでごはんをたべるまねをしてみよう
・ごはんをたべるまえにすることをいってね

小さい子でもできる簡単ゲーム

根菜収穫ゲーム

根菜をテーマにした、収穫気分の味わえるゲーム。とっても簡単だから、小さい子にもおすすめです。

土から引き抜く根菜。畑に見立てた段ボールから収穫してみよう！うんとこしょ、どっこいしょ！　他には、どんな野菜が根菜かな？考えてみよう！

作り方

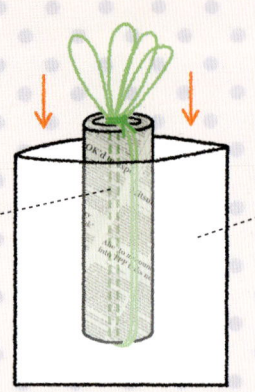

- 新聞紙を筒状にし、中央にスズランテープ(緑)を通して、上で葉を作る
- さらに、カラーポリ袋(白)で包む

うんとこしょ、どっこいしょ！

いろんな根菜の畑を用意してみよう。

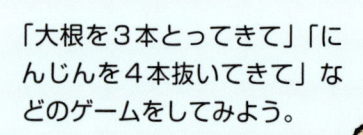

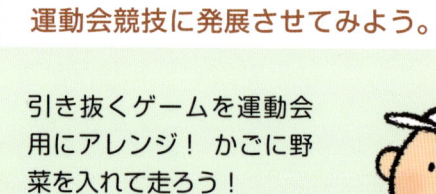

「大根を3本とってきて」「にんじんを4本抜いてきて」などのゲームをしてみよう。

運動会競技に発展させてみよう。

引き抜くゲームを運動会用にアレンジ！　かごに野菜を入れて走ろう！

総まとめ
食育子ども検定にトライ！

春夏秋冬、1年を通して食べ物を作ったり、遊んだり、ゲームをしたりして養った力を試してみよう！

遊び方

質問して

問題を読み上げ、子どもたちが答えを言ったり

作品を使って

借り物競走のように答えの作品を持ってきたりして

※工作を使用する場合は、今まで作った食べ物工作を集めて並べておきましょう。

当たれば、1つの問題につき「パクパク」ポイント1つを獲得！

パクパクポイントの数によってランクを決めておき、たべものマエストロになるのを目指して、みんなで楽しくやってみましょう。
62～63ページに例題を掲載しているよ。

発展遊び

★問題をカードにして箱に入れ、引いたカードに答えるのもドキドキ感がアップ！

★3～4人のチームを組んで、相談しながらトライするチーム戦にしてみよう。

★親子行事のゲームにすれば、いっしょに考える機会になりますね！

★★★で難易度を示しています。

Q ★ おいもの仲間は？

ハーイ大根！
そうね、大根も葉っぱを食べるね。

Q ★ 葉っぱを食べる野菜は？

Q ★ カレーライスに入れるのは？

なす！
なすの入ったカレーもおいしいね！

Q ★★ 地面から抜いた野菜は？

Q ★★ 豆の仲間を集めてきてね。

すいかも緑！
すいかの実って野菜なのよね！よく知ってるね。

Q ★★ 緑色の野菜を集めよう！

Q ★★ 赤色の野菜やくだものを集めよう！

中が赤でもいいの？
もちろん！

Q ★★ 海でとれる、魚じゃないものは？

Q ★★ 豆腐はなにからできている？

※納豆・味噌・バター・チーズ・ヨーグルトでもよい

まごのて！

Q ★★★ 食べると元気になる「まごはやさしい」ってなに？

ま ご は(わ) や さ し い

Q ★★★ さんまはどれかな？

※他の魚でもOK

Q ★★★ 旬の季節が違うのはどれかな？

※春夏秋冬でできる

さぁ何パクパクだったかな？

0〜5パクパク	たべものチャレンジャー賞
6〜8パクパク	たべものキャプテン賞
9〜10パクパク	たべものマスター賞
11パクパク以上	たべものマエストロ賞

64ページに賞状の型紙があります。コピーして賞の名前を入れましょう。

がんばったみんなに、食べ物たちから食育子ども検定の賞状をあげまーす！

賞状を持ち帰って、ご家庭でも食べ物の話題が広がっていくといいですね。

しょう

〇〇ちゃんへ

たべもののこと
よく しってくれて ありがとう！
これからも おいしく たべて
げんきに おおきく なってってね。

たべものたちより

型紙

6・7・20ページ　びっくり！　立体かるた

かわいくて あかい はるの アイドルは いちご	**ゆ**らゆらと うみで ダンスを する わかめ	**な**がい すじを すーっと むく ふき	**ふ**たつわり スプーンで すくう グレープフルーツ
むいても むいても また キャベツ	**ち**ぎって サラダに みずみずしい レタス	**さ**やの なか ふわふわふとんで ねている そらまめ	**た**けの こどもだ ぐんぐん のびる たけのこ
みどりいろの ふでの ような アスパラガス	**め**でたい おいわいに たべたい たい	**い**っぽんづりだ たてじまが すてきな かつお	**す**なの なか そっと かくれんぼ する あさり

33〜38ページ　食育シアター　モウモウ大王とまめまめ大王

〈絵人形の作り方〉画用紙に型紙を指定の倍率でコピーし、色を塗ります。表面、裏面を貼り合わせて切り抜き、割り箸ではさんでセロハンテープで固定したらできあがりです。

125%拡大

うさぎ表　　　山折り　　　うさぎ裏

貼り合わせる

125%拡大

こぶた表　　　山折り　　　こぶた裏

125％拡大

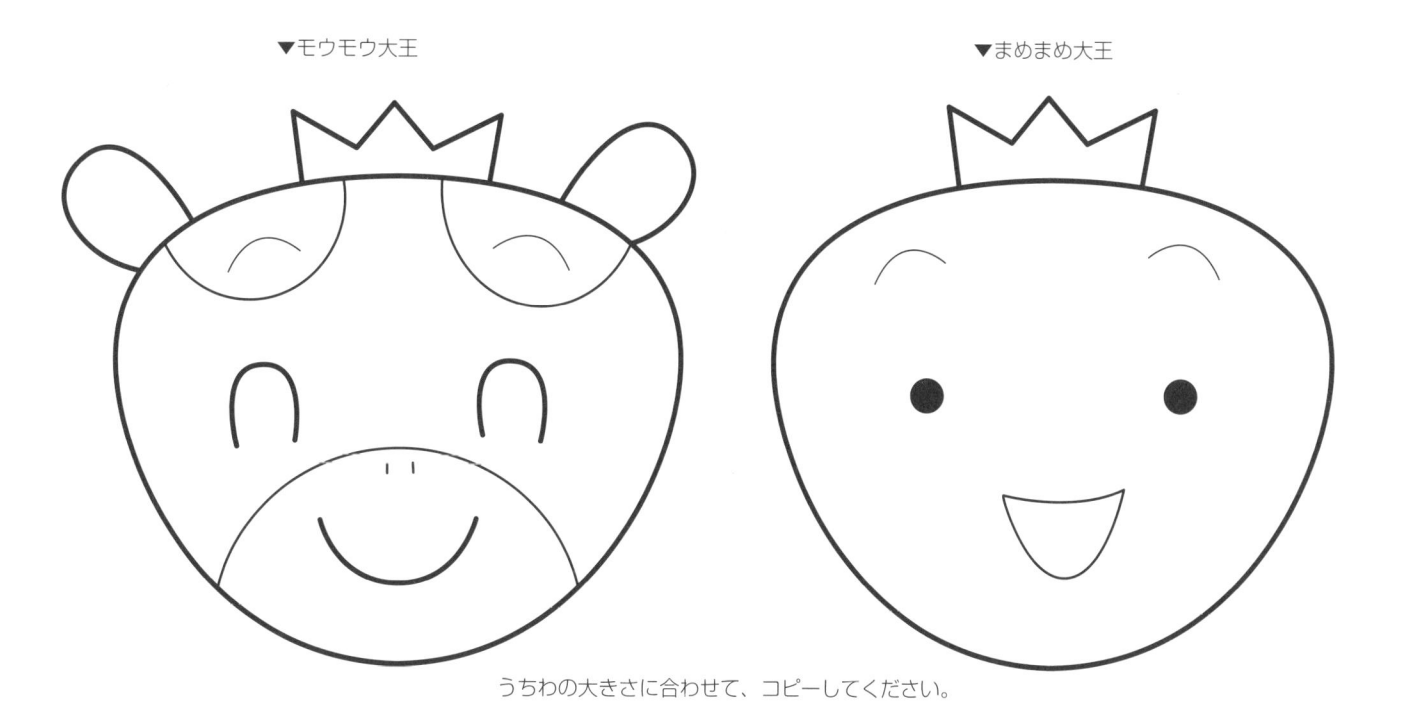

きつね表

山折り

きつね裏

貼り合わせる

▼モウモウ大王

▼まめまめ大王

うちわの大きさに合わせて、コピーしてください。

33〜38ページ　食育シアター　モウモウ大王とまめまめ大王　180％拡大

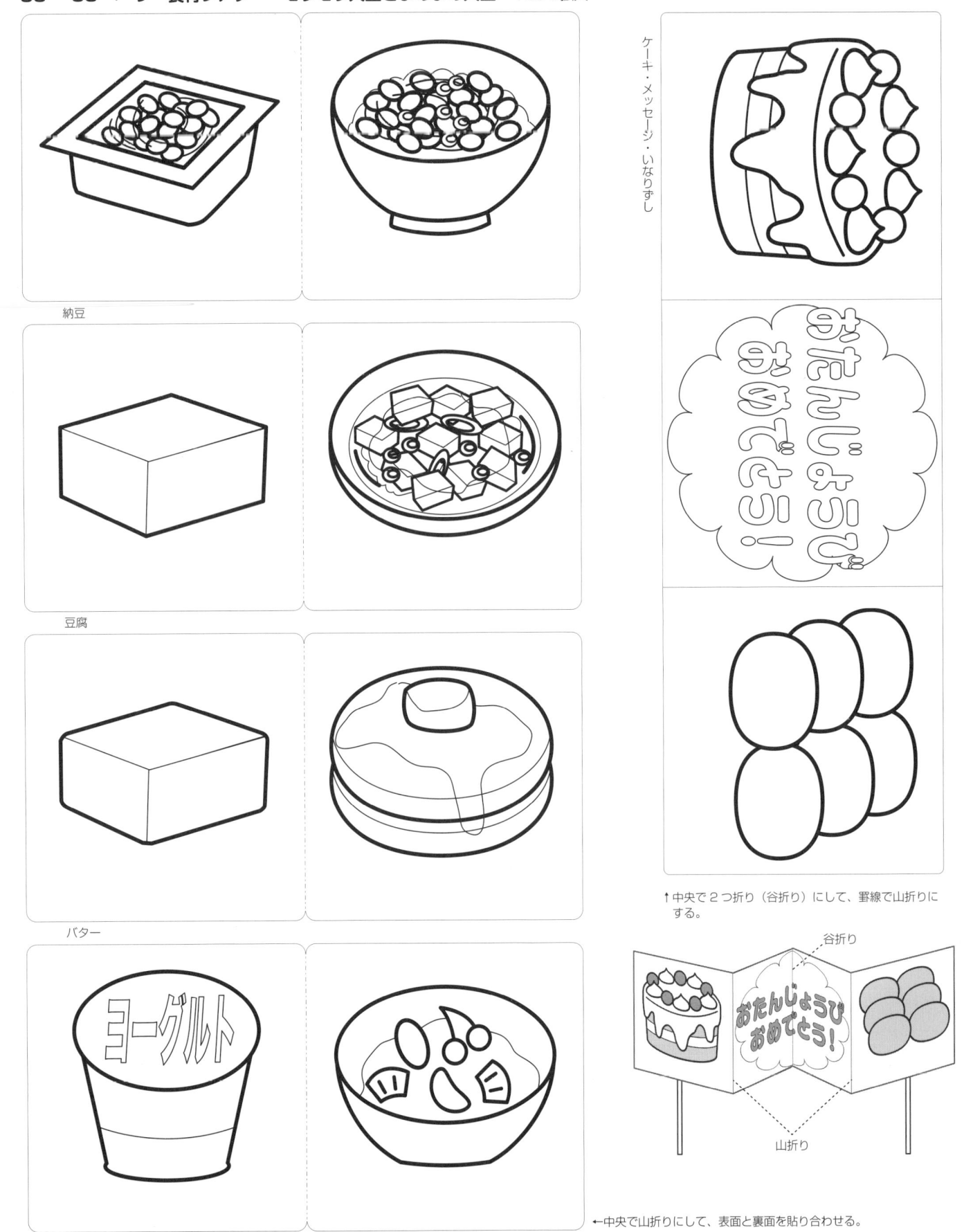

ケーキ・メッセージ・いなりずし

納豆

豆腐

バター

ヨーグルト

↑中央で2つ折り（谷折り）にして、罫線で山折りにする。

谷折り

山折り

←中央で山折りにして、表面と裏面を貼り合わせる。

おたんじょうびおめでとう！

68

58〜59ページ　食育すごろく

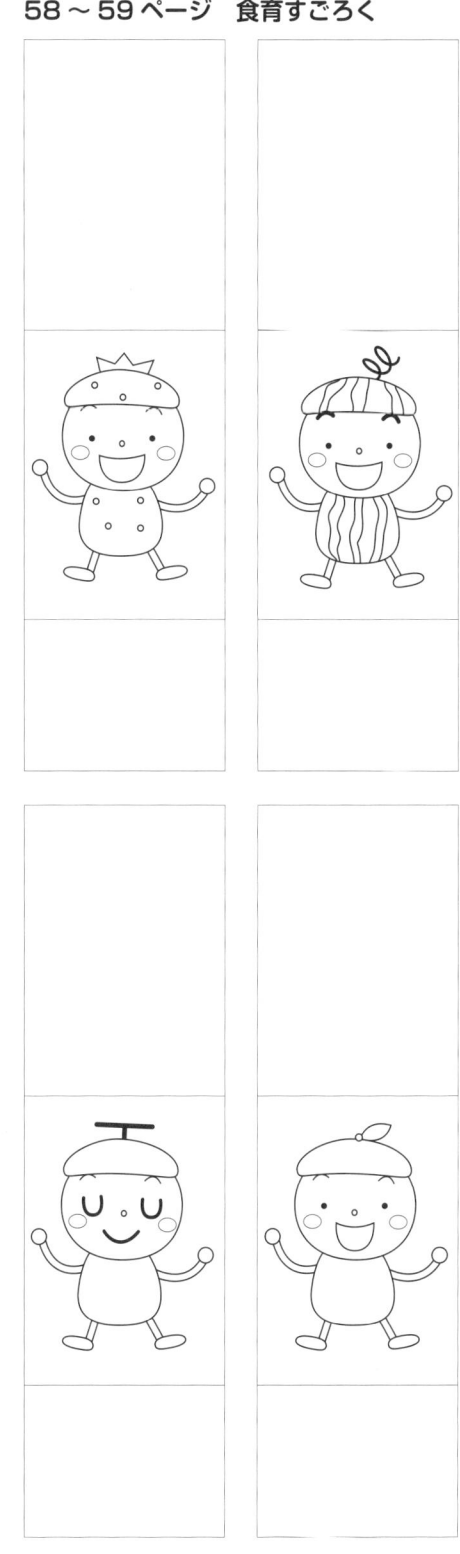

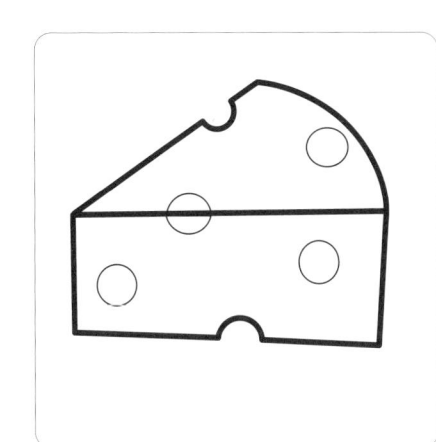

チーズ

味噌

石けん

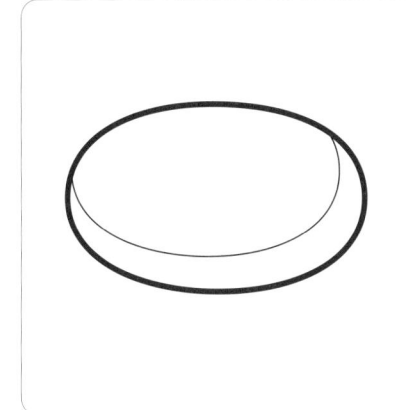

↑罫線で山折りにして、両端をセロハンテープで留める。

58〜59ページ　食育すごろく

いただきます！
スタート

ごちそうさま！
ゴール！

57ページ　オリジナルピザ大会

著者紹介

製作物アイデア・構成　山本和子

東洋英和女学院短期大学保育科卒業。童話作家。書籍、月刊誌、紙芝居等で活躍するとともに、製作物アイデアも手がける。著書に『おばけのなつやすみ』（PHP研究所）、『おばけ大集合』『忍者大集合』『ごっこ遊び大集合』『ヒーロー＆ヒロイン大集合』『縁日ゲーム大集合』（チャイルド本社）、翻訳絵本に『ちきゅうのためにできる10のこと』（チャイルド本社）、『ミャオ！おおきなはこをどうするの？』（ひさかたチャイルド）などがある。

製作・イラスト　あさいかなえ

武蔵野美術大学視覚伝達デザイン学科卒業。株式会社サンエックスのキャラクターデザイナーを経てフリー。粘土で作る立体イラストと平面イラストの両分野で活躍中。著書に『おばけ大集合』『忍者大集合』『ごっこ遊び大集合』『ヒーロー＆ヒロイン大集合』『縁日ゲーム大集合』（チャイルド本社）がある。
http://www.jade.dti.ne.jp/~asai/

- 製作物アイデア・構成／山本和子
- 製作・イラスト／あさいかなえ
- ブックデザイン／小林峰子
- 撮影／竹中博信（スタジオエッグ）
- モデル／石塚かえで（ブロッサムエンターテイメント）
  　　　　阿部ももか、狩野海音、月岡智志、栃原彩弓、西山哲太、山下泰輝（クレヨン）
- 撮影協力／明照幼稚園（東京）
- 本文校正／くすのき舎
- 編集協力／大久保徳久子
- 編集担当／石山哲郎、平山滋子

- 参考文献
  『からだにおいしい　野菜の便利帳』板木利隆／監修（高橋書店）
  『小学館の図鑑NEO　野菜と果物』板木利隆、畑中喜秋、三輪正幸、吹春俊光、横浜康継／監修（小学館）
  『食材図典　生鮮食材篇』芦澤正和、飯塚宗夫、武田正倫、成瀬宇平／監修（小学館）

食育あそび大集合　食べ物工作で遊んじゃおう！
2014年2月　初版第1刷発行

著者／山本和子、あさいかなえ
Ⓒ Kazuko Yamamoto,Kanae Asai 2014　Printed in Japan
発行人／浅香俊二
発行所／株式会社チャイルド本社
〒112-8512 東京都文京区小石川5-24-21
電話／03-3813-2141（営業）03-3813-9445（編集）
振替／00100-4-38410
印刷・製本／共同印刷株式会社
ISBN978-4-8054-0224-5
NDC376　26×21cm　72P

乱丁・落丁本はお取り替えいたします。
本書の型紙以外のページを無断で複写複製することは、法律で認められた場合を除き、著作権者及び出版社の権利の侵害となりますので、その場合は予め小社宛て許諾を求めてください。

チャイルド本社ホームページアドレス　http://www.childbook.co.jp/
チャイルドブックや保育図書の情報が盛りだくさん。どうぞご利用ください。